人間福祉スーパービジョン研究

1

聖学院大学人間福祉スーパービジョンセンター 編

精神保健福祉士の専門性構築の経過とスーパービジョン

柏木　昭

大野和男

相川章子

聖学院大学出版会

目　次

目　次

はじめに

　ソーシャルワークに携わる卒業生を支援するために、聖学院大学総合研究所内にスーパービジョンセンターを設置する計画が提案され、関係者の理解を得て、2008年度から活動が始められました。「聖学院大学人間福祉スーパービジョンセンター」では、個別スーパービジョン、グループスーパービジョン、ピアスーパービジョン、そして、スーパーバイザー支援制度というプログラムを実施してきました。

　スーパーバイザーは、聖学院大学大学院人間福祉学研究科および人間福祉学部人間福祉学科（当時）の教員が中心となりました。特に、この分野の先達、1963年以来、グループスーパービジョンを途切れることなく実践してこられた聖学院大学総合研究所名誉教授の柏木昭先生の指導を得ることができ、その活動の輪は広がっていきました。

　年2回開催される「ピアスーパービジョンの会」［聖学院大学人間福祉スーパービジョンセンターと SW-net（聖学院ウェルフェアネット：卒業生を中心とする福祉のネットワーク）により企画運営を共催］では、学内外の専門家による講演や報告が行われてきました。講演会やスーパービジョンセンター委員会、スーパーバイザー懇談会などの機会に、話し合いや検討が行われ、その成果の一つが結実したのが、巻末の参考文献にあります、柏木昭・中村磐男編著『ソーシャルワーカーを支える人間福祉スーパービジョン』です。

　では、「ピアスーパービジョンの会」で行われているピアスーパービジョンとは何か。ここで少し説明します。

　ピアスーパービジョンは、同僚など同様の課題を持つソーシャルワーカー同士がグループを形成し、相互に専門性を高めあう過程です。特定のスーパーバイザーが存在せず、参加者同士が相互にスーパービジョンを展開していくものです。ピアスーパービジョンにおいては、グループを形成するすべての構成員がスーパーバイザーであり、同時にスーパーバイジーでもあります。参加者同

士が相互に教育的機能、支持的機能を活用しながら、専門職としてより成長しあうことを共通の目的として行われます。

「ピアスーパービジョンの会」は、保健・社会福祉現場や一般企業で対人援助を行っている人たちの「語り合い・振り返り・支え合いの場」です。同じ悩みや課題を持つ者同士が語り合い、クライエントとのかかわりを振り返り、日々の業務を見直します。職場を越えたつながりをつくり、情報交換をします。

第22回のピアスーパービジョン（2018年10月13日）では、「ソーシャルワークにおけるスーパービジョン」をテーマとし、「聖学院大学人間福祉スーパービジョンセンター」の設立当初から顧問として関わっていただいている柏木昭先生、そしてスーパーバイザーとして、現在一番多くのスーパーバイジーを担当してくださっている大野和男先生のおふたりにお話しいただきました。その後、参加者による質疑応答の時間も設けられました。本書は、その内容をもとにまとめられています。

ここでまず、おふたりをご紹介させていただきたいと思います。

柏木昭先生は、1927（昭和2）年生まれ。戦中の海軍兵学校を経て、旧制の青山学院専門学校に進まれ、文武両道、勉強もして非常に健康で体力も万全でという青年時代を送られました。1950年に就職された「横須賀基督教社会館」で館長のエヴェレット・W・トムソン先生という宣教師と出会い、日本ではまったく新しいソーシャルワークという仕事につきます。そして、トムソン先生のすすめで留学試験を受け、ボストン大学スクール・オブ・ソーシャルワークへの入学という機会を得られました。

そして、留学から戻られて、国立精神衛生研究所、後の国立精神・神経センター精神保健研究所に入職されます。そこでデイケアの設立に携わられます。今はもう法制度化されていますが、法制度化される前の、1958年の研究時点から関わられて、精神障害の方々の地域での暮らしをソーシャルワークの視点で支えるデイケアの確立に尽力されました。その後、1964年に「日本精神医学ソーシャル・ワーカー協会」、今の「日本精神保健福祉士協会」を設立され

ます。初代理事長を務められて、現在は名誉会長です。また、淑徳大学、その後、聖学院大学で教鞭を執られました。私はその淑徳大学時代に大学院生として師事するという非常に幸せな出会いをさせていただきました。

　柏木先生がどのようにソーシャルワークと出会い、ソーシャルワーカーとなったかについては、巻末に挙げましたブックレット、〈福祉の役わり・福祉のこころ〉シリーズの『みんなで参加し共につくる』に収録されている、「特別講義　私とソーシャルワーク」に詳しくあります。先生の実践の歩みもまとめられています。また、「横須賀基督教社会館」についても、岸川洋治館長の書かれた「住民の力とコミュニティの形成」で詳しく知ることができますので、ぜひ、ご一読ください。

　そして、大野先生は1943（昭和18）年生まれ。2年後に終戦を迎えるという頃にお生まれになられました。1966年からずっと神奈川県の県職員として、福祉職として精神科病院県立せりがや園、今の県立精神医療センターせりがや病院や県立長浜病院、そして、こども医療センター重症心身障害児施設、県立の精神福祉センター、三崎保健所などで働かれました。三十数年の現場経験の後、社会事業大学の専門職大学院の教授になられます。その間に柏木先生との出会いがあるわけです。最初は事務局長などもなさったようですが、「日本精神医学ソーシャル・ワーカー協会」の理事長として6期12年、その間に、精神保健福祉士の国家資格の確立、資格化という大きな任務を果たして、1997年「精神保健福祉士法」制定という資格化を終えたところで理事長の任を終えられています。12年間非常にご尽力いただき、今現在は、「日本精神保健福祉士協会」の相談役でいらっしゃいます。

　また、たくさんの社会的活動をなさっています。一つは、地域の精神障害者が抱えているさまざまな課題について話し合い、さらに、社会参加を実現するための具体的な活動を行い、保健、医療また福祉の増進を図ることを目的とする「NPO法人ドレミファ会」の現職の副理事長です。そして、「NPO法人精神障害者のあすの福祉をよくする三浦市民の会ぴあ三浦」の相談役もなさって

おられます。そして、「聖学院大学人間福祉スーパービジョンセンター」の
スーパーバイザーとしてもご尽力くださっています。

　おふたりには、「ソーシャルワークにおけるスーパービジョン」というテー
マで自由にお話しいただきました。「ソーシャルワークにおけるスーパービ
ジョン」にとって大切なこと、そもそも「スーパービジョンとは何か」。本書
によってあらためて心に刻んでいただければ幸いです。

　なお、「障害は個人に帰属するものではなく、社会の環境の不備を表し」、
「障害者とは社会での生きづらさを抱えた生活者」という社会モデルの考え方
から、本書ではあえてそのまま「障害」と表記いたします。
　また、精神保健福祉士は近年、広いメンタルヘルス課題に対応する職種とし
て、MHSW（Mental Health Social Worker）と略記されるようになっています
が、本書では、講演者の意を尊重し、旧来の略称 PSW を使用していることを
お断りいたします。

聖学院大学人間福祉スーパービジョンセンターセンター長

相川　章子

第 I 章

PSW の「スーパービジョン」の背景

大野　和男

1.　はじめに

　今回のテーマ「ソーシャルワークにおけるスーパービジョン」を考えるにあたってですが、私は今、聖学院大学総合研究所人間福祉スーパービジョンセンターのスーパーバイザーであるということもあり、スーパーバイザーとしてスーパーバイジーの人にどのようなことを背景にしてスーパービジョンをしているかについてお話ししてみたいと思います。

　その背景となっているのは、ずっと長い間言われつづけてきた PSW（精神医学ソーシャル・ワーカー）の領域です。途中で MSW（医療ソーシャル・ワーカー）としての業務を担当したり、神奈川県立こども医療センターの重症心身障害児施設に異動で配属されたときは、児童指導員（当時、現在は児童支援員）の職名で業務を担ったこともあります。しかし全体的には私の多くの実践の場は PSW の領域の中であり、そこでいろいろ勉強をしてきました。その実践の中で培ってきた PSW として、ソーシャルワーカーとしての経験や知識とか、またその取り組みや活動を通して私なりのソーシャルワーカーを構築してきたわけで、まずは、そのことを知っていただけたらと思います。

1.1　生活課題に直接関与できる唯一の専門職

　ワーカーは人々の暮らしの中でどのような存在か、これについて、人々の暮らしの中で起こってくるさまざまな生活課題に直接的に関わることが認められ

た唯一の専門職ではないかと私は思っております。他の専門職の場合は専門性
に則して一定程度限定されるわけですが、ソーシャルワーカーというのは、
「人々の暮らしの全体」に対して、いろいろ、さまざま、こまごましたところ
まで関わることが多い。それをいいですよ、と認められた専門職として、唯一
認知されているのではないかということです。こういう職種というのは他にな
いので、非常に意味のある専門職であろうと私は思っています。それだけに、
きちんとした実践の内容を提供していかなければならないと思っています。

1.2　実践の場の拡大と多様化

　日本におけるPSWの導入は、1948年に国立国府台病院で看護師を転用して
「社会事業婦」が置かれたことに始まります。そのときの病院長の松村常雄先
生が名古屋大学医学部精神科に異動されて、名古屋大学医学部附属病院の精神
科の医療チームにPSWが参画するようになったわけです。そして1960年代に
なって全国の精神科病院でPSWが雇われるようになりました。
　歴史的に長い期間で見てみますと、今日PSWの実践の場は拡大して多様化
しているというのは当然のことですが、最初の頃のPSWというのは、仕事を
する場所はほとんど精神科の病院、という時代がありました。1950年制定の
「精神衛生法」のもとに、日本の精神医療では社会防衛思想のもと隔離収容政
策が進められていた時代があり、その中で、ほとんどの人（患者）が強制入院
させられていました。鉄格子のある閉鎖された精神科病院という枠の中に囲わ
れている患者さんと言われる人たちへの関わり、あるいはその関係者たち、そ
れからそれらを取り巻く地域の人たちへの関わりが中心です。そして今は、働
く場所、実践の場所が非常に広がっている、多様化していると言えましょう。

1.3　社会的責任の増大

　もう一つは、立場の問題です。精神科病院に勤めている間は、病院の経営者

に雇われている被用者の立場にあります。そのためどちらかというと経営者の、あるいは強い権力を持っている医師の顔色をうかがいながら仕事をすることが多く見られました。多少の差はあるでしょうが、今でも似たようなところがあるのではないかと思っています。そのようなことがほとんどだった時代から、今は、地域の中で相談支援事業や、グループホームの運営、就労支援事業等々、地域で暮らす精神障害者のための地域資源の経営者あるいは事業主としての役割を担うという立場性に立つ PSW が多くなりました。

事業を経営する苦労と社会的責任を思うとき、病院で雇われている側にいるほうが気楽という言い方もありますが、その場合、利用者の立場に立った PSW として自らの専門性を十分に発揮できるかというと、なかなかそうはいかないことが当然あるわけです。

地域の中で PSW が主体となった実践が展開するようになるということは、国民（市民）と直接的に関わりを持ちながら PSW の専門性に基づいたサービスを進めていくことになります。良くも悪くも PSW が責任を問われる状況にあります。その意味で、今日、PSW の実践にかかる社会的責任は非常に重くなってきていると言えましょう。

1.4 脱施設化政策の促進に寄与する役割

次に国の施策の方向にある、脱施設化に関わることです。これについては PSW だけでなく、ソーシャルワーカー全体に影響を及ぼし、利用者への地域生活支援にかかるソーシャルワーカーの資質が問われ、その専門的役割が、ますます大きくなってきました。

少し過去の話になりますが、私が専門職大学院で教員をしていたときに、コロニーと呼ばれる大型入所型福祉施設の職員として心理職や福祉職の業務を担っていた院生と学び合う機会があり、彼らに今までにどのようなソーシャルワーカーの仕事をしてきたのか伺うと、多くに共通していることがありました。それは実践の中心を利用者が施設の中でいかに豊かに過ごし生きていくかに焦

点化してきたため、施設の外で生活するということについてはほとんど考えられず、それゆえ利用者の地域生活を支援するという実践上のノウハウをほとんど持っていないということでした。施設の中での生活を全うするための支援を行うということに、ずっと自分たちの専門性を深めることを考えてきたということでした。かつての精神科病院における PSW 実践と同じように、ソーシャルワーカーの置かれてきた状況は、利用者を一定の枠の中に押し込めてその枠の中での実践を全うすることを長い間やってきた、しかもその実践を無批判的にやってきたのだなということでした。それが脱施設化に向けて政策が大転換したことを受けて、そのことにどのように対応すべきか、自分の中の持ち合わせの乏しさゆえの施策の転換に対する戸惑いと悩みを抱えていたのでした。

1.5　地域全体から専門性（実践の質）、および存在意義（社会的貢献度）が問われる

　精神病院という中で長い間入院をさせられてきた人、また、コロニーという大型施設の中に押し込められてきた人、双方とも利用者の置かれている状況は似ているのですが、決定的に違うところは、精神病院の場合、いくつかの状況が重なり、ある時期から退院する患者さんが多くなり、PSW の実践が早めに退院支援から地域社会での生活支援という広がりを持つことができたということが言えると思います。それが、2012年の「障害者総合支援法」の成立により、ソーシャルワーカー全体の実践のありようが変わってゆく大きな節目を迎え、今、それから10年近くたちました。このようななか、利用者にとどまらず、地域で暮らしている人々、地域全体から、「ソーシャルワーカーは何をする人、専門性や実践の質、および社会的貢献の観点から、どういうことをしてくれるの？」ということが、今問われてきているのだと思います。そのところに、ソーシャルワーカーの本来のありようというものと関わるところがあるのだろうと思っています。

　こうした状況にあって、国民に対して質の良いサービスを提供していけるように、また目の前にいる利用者さんと言われる人たちが良い関わりを持てるように、PSW実践の質を高めていくことはとても大事です。PSWとしての、ソーシャルワーカーとしての力量を高めることを目的としたスーパービジョンの重要性は、これからますます大きくなってくるのだろうと思っています。

2.　私の体験したスーパービジョン：事例検討GSV

　私のスーパービジョン体験を簡単になりますがお話ししたいと思います。
　1970年ごろに、日本社会事業大学を卒業して病院のPSWとして実践経験を始めて数年経過したときですが、職場から研究日をいただくことができ、「GSV：グループスーパービジョン」の日に充てていました。先輩に誘われて参加したのです。そこで何をやったかというと、私が出会った患者さんとの面接テープを逐語的に記録化するのです。当時の録音テープというのは、硬めのレバーをガチャガチャさせて扱うオープンリール式のものでした。面接時のテープと、逐語に起こした面接記録を用意して、それをもとにしながら細かい面接内容を検討するものでした。グループスーパービジョンの目的は、面接の場面におけるクライエントとの関わりの質を高めることを最も大きな目的にしていました。それは面接技術の向上でもあり、その中で自己覚知を高めていくというものでした。
　当時は、心理主義といえばそのとおりなのですが、メンバーには、自ら精神分析を受けた人とか、心理療法を受けた人とか、そういう類いの人たちが先輩としていました。そのような先輩たちと交じり合いながら、私のクライエントとの関わりの中身がどうであったかということをかなり厳しめに評価するスーパービジョンを受けた経験があります。「大野さん、あんた今ここでこういうことを言っているけど、それはどういう意味で言っているの？」とか、「このところ大野さん、患者さんが言っていることに反応しなかったけれども、そこのところどうだったの？」と。私が気づかずに通り過ぎているわけですね。

それで、「なんで受け止められなかったの」と。きちんと聴こえてなかったん
でしょうね。受け止められないとか聴こえていないことの指摘を受け、なぜ聴
けなかったのかということが問われる。そのような課程を通してワーカーとし
ての自己覚知につながっていく。私の中にある防衛規制とか、いろいろなこと
によってつくられてきた自分自身の中にある（人格的に）弱いところの出会い
になってしまうと、そういう場では、「どうしても拒否的になってしまう。受
け止めきれないんだろうなー」とか、それに関わる話が進められていきました。
何か、自分がまな板の鯉のように裸にされていくような経験でした。ベテラン
で尊敬すべき先輩たちにしごかれる、かなりきついグループスーパービジョン
で、くたびれたり、また、もしかしたらソーシャルワーカーとしての適性に乏
しいのではないかと自己嫌悪に陥ったり、自信を無くしたりするということも
ありました。今思えば、その経験そのものが、プロとしてクライエントとき
ちっと向き合うということや、クライエントと関わる自分自身のありようとい
うものを眺めるという、自分自身への洞察を深めることに非常に役に立つ経験
でした。

　ところがそれを今、スーパーバイザーとして私自身がするかというと、そう
はなかなかしないわけで、まして、追及するというようなことはほとんどしま
せんし、一緒に考えていくというやり方で進めていっている感じです。ある問
題で困っているな、行き詰まっているな、というときには、「それは当然行き
詰まるわけで、それでは、そのことについて一緒に考えていきましょうか？」
というやり方で、進めている感じです。
　私自身もいろいろ体験してきたことから、ソーシャルワーカーの重い気持ち
がよく伝わってくるので、まぁ、そうだろうなーと思いながら、「そう簡単に
はうまくいかないよね」というところでやっています。私の関わっている法人
の事業所の PSW であるスーパーバイジーから、「こうなんですけど」と、何
か行き詰まっているようなときに電話がかかってくるんですね。そういうとき、
「そうだよね、その行き詰まっているというのも大事なこと」、「そこで何かを

考えていく大きな機会を与えられてきているので、今、ここを乗り越えることで新たな芽が出てくるのかもしれないね」、「考える機会を与えてくれたクライエントに感謝しながら関わっていこうか」と、これは私独特のフレーズだと思いますが、そういうところからスーパービジョンを進めていっています。

3. 「日本精神医学ソーシャル・ワーカー協会」設立当時

　柏木昭先生とは50年来のお付き合いです。私が二十数歳のときに出会い、当時の私にとっては言うところの雲の上の存在でした。それがある程度年を取ってからは私のことを認めていただいたのだと思うのですが、あるときから「和男ちゃん、昭ちゃん」と呼び合うようになったりしていますが、私にとっては尊敬する存在であり先生であることには変わりはありません。柏木先生は1964年の日本精神医学ソーシャル・ワーカー協会（以下、日本 PSW 協会）設立当時の初代会長（当時、理事長）です。設立趣意書では、「精神医学ソーシャル・ワークは学問の体系を社会福祉学に置き医療チームの一員として精神障害者に対する精神医学的診断と治療に協力し、その予防および社会復帰過程に寄与する専門職」であるとし、専門性の確立、資質の向上、社会的地位を高める努力を払うことを挙げていました。

　専門性の基本は社会福祉の理論と方法論であることは今も変わらないですし、スーパービジョンを進めているときには常に念頭に置きながら、「この辺のところが、一番迷ったり悩んだりしているところかな」と受け止める際のアンテナとしています。

　他職種との連携を図る役割は大事な位置づけです。医療にあってはチーム医療におけるメンバーとしての役割ということになりますが、今やその連携の役割は地域における連携と大きな広がりを持つようになりました。PSW 実践で連携を図るということは、とりわけ専門性の中に位置づけられた役割であると言えます。

　重要なのはクライエントの自己決定です。これは、ソーシャルワーカーであ

る PSW がとりわけ大事にしている専門性の哲学的な価値です。柏木先生は我が国における PSW の発足当時からこの自己決定を重視され、かつて高名な精神科医から批判されることがありながらも、揺らぐことなくこの専門性的価値に基づいた実践を深めることを重視して、我々に大きな財産を与えてくださいました。私は、そういうものを内在化してスーパーバイザーをしているということになります。

4.　PSW の専門性の構築：Y 問題の継承性の取り組みの中で

4.1　PSW の基本指針

　私が日本 PSW 協会の理事長を担うことになる数年前のことですが、PSW は大きな課題に遭遇します。それは「Y 問題」と呼ばれています。

　精神保健福祉士の勉強をしている人は必ずどこかで触れてきているはずですが、この取り組みを通して、1981年に Y 問題の総括文である「提案委員会報告」が出され、ここからさらに PSW の基本指針が生まれました。

　1982年に、「精神障害者の社会的復権と福祉のための専門的・社会的活動を進める」という協会宣言（札幌宣言）（資料 1 ）が基本指針として採択されたのです。この時期を見てみますと、1983年の精神病院（報徳会宇都宮病院）での患者へのリンチ・殺害事件が新聞で報道され、国会で問題にされました。精神障害者の人権が守られていないこと、社会復帰施策が不十分なことなどが国連の人権小委員会でも取り上げられて国際的批判にさらされたことから、国内では「精神衛生法」の改正を求める声が高まり、1987年に精神障害者の人権保護と社会復帰の促進を柱とした「精神保健法」へと改正されていきます。朝日新聞で取り上げられて問題になる以前に、すでに PSW はこの人権の問題、社会復権を我々の基本指針として採択しています。日本のソーシャルワーカーの歴史にとって PSW 協会宣言は画期的なことでした。また、誇るべき財産だと思っています。

　「精神障害者の社会的復権と福祉のための専門的・社会的活動を進める」は、

私がスーパービジョンをする際の一番根っこに置いているものです。

■ Y 問題 ■

　1969年、当時19歳で大学受験のため浪人生活を送っていた Y 氏の強制入院をめぐって、1973年横浜で開催された第 9 回 PSW 全国大会・総会で、Y 氏本人および母親から、「私たちはあなたたち PSW によって不当にむりやり精神病院に入院させられた、このような過ちを二度と繰り返してほしくない、組織として責任をもって対処してほしい、精神病院を相手にした係争中の裁判を支援してほしい」という訴えがあった。

　事件は、当時大学受験を控えていた Y 氏の、家族に対する暴力について、家族から相談を受けていた PSW が、本人の意向を確かめることなく、精神病院を紹介し、家族の要請で警察官が同行して受診させた。病院は保健所 PSW の紹介状を医師の記録として扱い、無診察のまま Y 氏を入院させた、というものである。

　多くの PSW は厳しい精神医療状況の中で、「患者や家族のために」と思い実践を行ってきたという自負があり、人権侵害であると当事者から糾弾されたのは衝撃的であった。日本 PSW 協会はこのことを深刻に受け止め、PSW の日常業務において、たとえその行為が精神衛生法上（当時）問題はなくとも、対象者の重大な人権侵害になりうることを認識し、当事者の立場に立って自らの実践を見直すという「PSW の立場性」と「基本姿勢」のあり方、「制度上の問題」に直面する。協会は Y 氏の訴えを PSW のあり方の根幹に関わる問題として、教訓化し、継承してゆく取り組みに着手することとなる。このことにかかる一連の取り組みを PSW は「Y 問題の継承性の取り組み」と称し、PSW と日本 PSW 協会は精神障害者の人権問題を軸に据えた専門性の構築を図っていくことになる。

4.2　PSW としての立場性

　PSW の「立場性」とはどういうものでしょうか。PSW は「本人の立場」に立つ実践を行うということですが、ここで、PSW が本人の立場に立つということは、ワーカーがそのままクライエントの立場に直接的同時的に入れ替わるということではなくて、クライエントの立場を尊重し、理解し、その主張を尊重することを意味するとしました。これについても PSW にとって大きな実践上の価値として規定されました。この立場性の規定も Y 問題にかかる取り組みを通して生まれたものです。この規定は1975年のことですが、この年は、国連総会で「障害者の権利宣言」が採択された年にあたります。

4.3　PSW の置かれている「二重拘束性」

　もう一つ、福祉労働者としての「二重拘束性」ということについてです。1981年の「提案委員会報告」の中で、「協会活動の中で考える Y 問題の継承性、経過の中で考えられる反省点」が、1）立場と視点、2）状況と認識について、3）実践とワーカー・クライエント関係、4）福祉労働者としての二重拘束性、という 4 つの柱で大きくまとめられました。その中の一つになります。この二重拘束性というのはどういうことかと言いますと、日常実践で患者やクライエントの立場に立つという関係性と、その一方ではクライエントの要望に十分に応えられない雇用者との関係があり、その相矛盾する状況に置かれるということです。この二重拘束性というものは、否応なく PSW 実践の中で恒常的に生じてくるものです。ここのところを、クライエントの立場に立つということを前提にしながらいかに実践を進め、深めていくか、それは、悩ましいところであり、今日的にも常に生じる課題です。ここで悩まないソーシャルワーカーはいません。この問題で悩まないで過ごせているソーシャルワーカーがいるとすれば、それはちょっと勉強不足なのでは、と思うところです。

4.4 「PSW 倫理綱領」と「PSW 業務指針」

　それから、私は1987年に日本 PSW 協会の理事長に就任していますが、協会
は、1988年に「日本精神医学ソーシャル・ワーカー協会倫理綱領」（資料２）、
1989年に「精神科ソーシャルワーカー業務指針」（資料３）を策定しました。
ヒューマンサービスを担う専門職として、PSW が自らの専門性の構築を図る
には、「倫理綱領」と「業務指針」を策定することは必須でした。２つとも、
協会が取り組んできた Y 問題の継承性の取り組みの成果をもとにつくられま
した。巻末に資料として載せてあるので、ぜひこれはお読みください。私自身
何かあったときには振り返って、立ち戻る資料としていつも手元に置いてきま
した。私がスーパーバイジーと向き合うときに、指針になるものとして置いて
あるものです。これを参照して、どういうところで悩んでいるのかなとか、苦
しんでいるのかなと、そういうことを考えてスーパービジョンを行っています。

5. クライエントの置かれている状況に対する認識

5.1 「現代的患者狩り」と無関係ではいられない状況

　最後になりますが、クライエントの置かれている状況の認識です。これにつ
いては新聞記事（資料４・５）を巻末に載せています。「現代的患者狩り」と
もいうべき事件であり、無関心ではいられません。これは二重拘束性の問題で
もあるわけですが、PSW の置かれている状況をきちんと意識していることが
必要だということです。日常実践の中で、クライエントとの関わりについて、
どうもうまく進められないということはよくあると思いますが、それは当たり
前だと言える状況というのがあります。2015年に榎本クリニック事件が報道
されましたが、同クリニックと大田区の生活保護行政が結びついて、精神障害
者に対して「生活保護を受給するには榎本クリニックに通うことを条件にす
る」という内容のものです。そうすることで榎本クリニックはたくさんの患者
を集めて儲けていたというものです。「現代的患者狩り」と書いたのはそうい

う意味です。そのような枠の中に規制された当事者は、新聞記事にもあります
ように、まるでクリニックのデイケアに通うことの意義を認めていない、感じ
ていない。デイケアの提供するプログラムに沿って何かをするといったところ
で、当事者にやる気がないわけですから、全く無意味なことになっている。生
活保護を受給するために、否応なくただクリニックに身を運ぶだけだ、という
ことになっているのです。

5.2　クライエントの弱い立場に対して鋭敏に

　そのような当事者は、規制された枠の中で PSW と言われる人といくら関
わったところで、どうにかなるのかということです。そのときに果たして関係
性が築けるのか。PSW は「榎本クリニックの職員だろ」と言われます。「お前
たちによって俺はここに放り込まれたんだよ」と、「お前、職員だろ、信用で
きるか」って話になるわけですね。そのような状況を変えることなくクライエ
ントと良い関わりが築けるのかという問題です。人と環境の全体性を重視する
ソーシャルワーカーは、クライエントがどのような状況に置かれているのかを
厳しく見ないといけません。無批判的に目の前に来た人との関わりだけを考え
ていくことが、果たして良いのかということになります。PSW はそのような
対処されたクライエントの弱い立場に対して鋭敏になりながら、人権感覚に優
れた実践を続けていく必要があるのではないかと考えます。

　このようなことを考えながら、私は、スーパーバイジーとして目の前に来て
くださった人と出会っているということになります。

第II章

「三原則」の自覚にいたるスーパービジョン

柏木　昭

1.　はじめに

　「スーパービジョンとは何か」と聞かれたら、スーパーバイザーによるスーパーバイジーの支援ということになるのですが、スーパーバイザーというのはいわゆる指導教育をするほうの先輩がなります。大抵は同じ職場で上司がなります。部下はスーパーバイジーになります。スーパーバイザー対スーパーバイジーということになるわけです。もっと省略して私たち PSW 協会ではバイザーとバイジーというように言い直されておりますので、皆さんこれから先輩からバイザーがどうの、バイジーがどうのと言われたら、スーパーバイザーとスーパーバイジーのことを省略してみんな言っているんだ、特に PSW 協会の人たちは……と思ってください。日本 PSW 協会というのは、私たちが始めた「日本精神医学ソーシャル・ワーカー協会」、現在の「日本精神保健福祉士協会」という専門職団体です。そこで私たちはいろいろと経験し、クライエントとの「かかわり」をどうしたらよいのかということを、一生懸命もまれて、検討してきた50年以上の年月があります。

　私は1927年生まれだと紹介されました。皆さんは早速計算されたかと思いますが、それくらいの歳になっていますので、いろいろと記憶違い、あるいは、すっかり忘れてしまっていることもたくさんあるかもしれませんがお許しください。

　さて、このスーパービジョンですけれど、大体現場に出ているソーシャルワーカーの人たちというのは学校で社会福祉の実践あるいは実習を経てきた

方々ですね。ですから、その人たちが何をスーパービジョンの中で教えるのかということがまず問われると思います。

　そこで皆さんにいったい何を教えたらいいのか。バイジーはいったい何を望んでいるのか。バイジーはこんなことを言うかもしれませんね。例えば、「あの、先輩、実はクライエントが再発しそうなんですよ。どうしたらいいでしょうか」。「再発というのは統合失調症で言えば、幻聴とか幻覚とか妄想とか、そういうこと？」と聞くと、「そうなんです。その妄想がひどくて、特に被害妄想がひどいものだからとってもヒガミっぽくて、お母さんとやりあっていつも暴力沙汰になっちゃうんですよ」というようなことを言ってくるんです。そうするとバイザーが、「それは君、そういうことはね、そのままにしてはいけない。すぐ主治医に聞きなさいよ」と。

　これ、皆さん間違っていると思いませんか？　日本PSW協会が「精神医学ソーシャル・ワーカー協会」であった頃、四国に一人のワーカーがいました。PSWの富島さんという人です。その富島さんが、バイジーに「それであなたは何て言ったの」って質問をしたんですね。そしたら、「やっぱり主治医に聞くしかないからということで、ちゃんと主治医に報告しました」と。富島さんが「それでどうしたんだ」って言ったら、「入院させました。で、無事入院できたので良かったと思います」というようなことを言ったわけです。そうしたら富島さんは烈火のごとく怒って、「あなたはねー、クライエント不在のまま、いろいろなことをやったんだね。特に入院というのは大変な事なんだよ。入院っていうのはその人の普通の生活をそこで断ち切るということではないか。そういうときは誰に聞くかって、主治医に聞くんじゃないよ。本人自身に『どうしたんですか？』と聞くべきではないか。本人を大事にして、本人に、あなたこれこれこういうことだったそうですけど、どうしたんですか？と何で聞けないのか」と。富島さんは日本精神医学ソーシャル・ワーカー協会の研修の場を一瞬黙らせてしまったんです。ビックリしました。

　そうですよね。やはり「本人を無視して主治医の指示に従って入院させればそれでいいのか」ということに気づかないといけない。大野先生が「業務指

針」というのを示して教えてくれたところですね。資料3にあります。

2. 「Y問題」と自己開示

　皆さんは大野先生の話の中で「Y問題」という言葉を聞かれましたね。私の半生というのは、「Y問題」に対する対応でした。「Y問題」への対応ということで、私の協会生活がずっと流れてきたと思います。「Y問題」というのは大変な事だったのです。短いまとめが第1章にありますが、何かというと、1969年のことでした。あるワーカーが、青年を入院させたんです。それはなぜかというと、「暴力がある。それから暴言がある。お母さんの着物なんかもお風呂の水に浸けてしまったり、いろいろなことをやらかす。とってもじゃないけど、普通の生活と言えない」と、ある日お父さんが泣きついてきた。K市の保健所にいたワーカーはすぐ入院手続きを取りました。その入院当日には、保健師とか、ワーカーとか、それから警察官まで動員して、そして入院させてしまったんです。で、これでもう安心。入院したから私たちはお役御免、ということでワーカーはホッとしていたんです。

　これ、皆さんおかしいとは思いませんか？　やはり本人に「どうしたんですか？」と聞いて、ねんごろな対話を始めるべきだったのではないですか。そこで本人の気持ちを聞いて、「あぁそうだったの」ということでこっちがわかると、相手も和んできますよね。

　人って自分の中にある想いを誰かに言うと本当に落ち着くものですよね。これは皆さんもよくわかっていらっしゃると思いますが、私もそう思いました。その人に、いっときの、何ていうかタイミング、対話を保障すべきだったのではないかと思います。それをいきなり、主治医に「再発しました。ダメです。困りました」って言ったら、「すぐ入院させろ」と言われたから、「わかりました！」と言って入院させて、一件落着にするのか。まず本人に、「あなたどうしたんですか？」とクライエントに聞くわけです。「今あなたがそういうことを話してくれたことで、私にはあなたの気持ちがとてもよくわかった。それ

じゃあ、あなたはこれからそのことに対してどういうふうにしていきたいと思っているの？　あなたはお母さんやお父さんに暴力を働いたってお話だけども、あなた自身はどう考えていらっしゃるんですか」と聞かなければならない。

　ここで本人に聞くとします。そうすると、真相は家族というのは時にはクライエントの敵なんだということがわかる。自分がやろうとすること、ことごとく反対されてしまう。自分がどこか行こうとすると干渉する。そういうような関係ができていて、これはやはり家族というものを考え直さなければいけない時というのがあるのですね。私もどちらかというと家族の言い分を先に聞いてしまうほうでしたから、それで入院を勧めるほうでしたから、それで、「ハッ！　私ね、あなたの言うことを聞いて、ちょっとわかったことがある」、「私はやっぱり家族のほうばっかり見ていたと思いますよ」と。こういう言葉で言えるんです。

　このあたりのワーカーの姿勢に関し、自己開示ということがあります。何かというと、自分の胸の内、いろいろな想いがありますよね。それを正直に言うこと。これが自己開示なんです。クライエントはこんなことを考えているんじゃないか。クライエントはお母さんのこと、お父さんのことをどう思っているのか。やっぱりお父さん、お母さんは必ずしも正しいとはいえない。間違っていることもあったかもしれないなあ。そういう想いがワーカーの中に湧いてきますよね。それをキチンと正直に相手に伝えるんです。そうすると本当にクライエントとワーカーが対等になるんですよ、対等に。

　皆さんも授業の中で対等性ということを聞かれたでしょう。クライエントとワーカーは対等である。でも、実践の場に出て皆さんは対等にやれていますか？　大抵上から目線で、「あなた薬飲んでる？」。そういう言い方ですよね。「こんにちはー、○○さん、お元気ですか？」。その"お元気"の代わりに、「こんにちは、○○さん、薬、飲んでますか、この頃ちゃんと」というようなきわめて失礼な挨拶しかしない。これはワーカーが、ソーシャルワーカーではなくて、すでに医療チームの治療者になってしまっているからです。私たちは治療者ではありません。治療者というのは、医療チームのメンバーとして医師

の指示に従って患者さんが療養することができるようにお手伝いする。これが医療チームの主たる役割です。私は、それは間違っていると思います。本当のところは、チームから抜け出て、初めてクライエントと相対（あいたい）の対話ができるはずなんです。ですから、チーム医療のメンバーであり、医療の秩序から抜け出ないでいるよう、いつも自覚しながらも、クライエントと向き合うときには本当の意味での対等性というものを実現しようするという、そういう気持ちでいられなければいけないんです。

ところが、クライエントに対して、いつもあなたが家族に暴力振るう人だという先入観で向かい合いますから、出てくるのは何ですか。やはり、「薬飲まなきゃダメじゃないか」という想いだけなんです。そうじゃない、本当の想い。「そのとき何が起こったんですか？　何があなたをそういう気持ちにさせたんですか？」ということをキチンと聞かなければいけないと思うんです。そこで自己開示ということ、自分の胸の内にある気持ちをキチンと正直にクライエントに伝えるということ。これが大事なのではないかと私は思っております。

さきほど、「Y 問題」を大野先生が強調されました。私も冒頭で言いましたように「Y 問題」で協会生活をずっと送ってきました。なぜか、今も現に「Y 問題」が頻発しているからなんです。なぜか。皆、ソーシャルワーカーでありながら、入院担当者になってしまっているからです。

学校で精神医学を学ぶ、そうすると、これこれの症状で精神分裂病、あるいは統合失調症という診断がつくということは知識としてあるんです。それが邪魔している。「この人は分裂病、統合失調症じゃないか。じゃあ入院だな」。簡単なものなんですね。そういう図式に従って仕事をしていた。これが「Y 問題」なんです。「Y 問題」は、本人と話もせずに、直接気持ちも聞かずに、家族の言いなりになって、家族への暴力がひどいからといって、"無事"入院させた。そういうケースを反省して、「こんな PSW、ワーカーであってはならない」という教訓にしてきたわけです。教訓の50年、入院だけが業務指針にあって、「これこれこういうときには入院」というような要旨の流れになっているから、「入院させればそれで一件落着、あぁよかったよかった。私は PSW だ」

と言って喜んでいてはいけないんです。そこでは、"**本人不在の処遇**という非常に大きな過ちを犯している"わけです。クライエントを一個の人格として認めようとしないワーカーの見本だと思います。

　だから皆さんに今聞きますよ。PSW の皆さんは入院のプロセスにずいぶん関わっていらっしゃる。ちゃんと本人の想いを聞いていますか。「どうしてそういうことになったのか。どう思っていらっしゃるのか。私はやっぱり、あなたはあなたなりに自分の生活を維持していく、社会生活・地域の生活をしていく上での、一定の責任があると思っているのですけども、それがこういうところでつまずいてしまったみたいに思っています」。そこまではっきり正直に言います。言われないと、「なんで俺入院なのか？」ということで、入院させられていく。現在「Y 問題」は頻発しているというのは、そういう状況なんです。入院先行。これは医師のオーダー、精神科医の指示ということで、それにはキチンと従って、間違ってはいないです。間違っていないけれども、あくまでもワーカーは治療者ではない。治療者ならば間違っていない。でも治療者ではない。本当の意味で対等に対話をクライエントと交わしていかなければならない、そういう専門性なのにそれができていないということになるわけです。

3.　スーパービジョンとは何か

　ちょっとまとめます。スーパービジョンとは何か。先輩がスーパーバイザーとしてバイジーにいろいろと教えていきます。でも、教えることは自分で考えなければならないから、教える代わりに、「よく考えなさいよ。何があなたの問題なんですか」ということをハッキリ言語化できるように支えていく、サポートをする。これがバイザーの役割です。それをやらないで、「そういうときにはこうやればいいんだよ。こういうやり方もあるよ」といったようなものは、OJT（On the Job Training）、日本語にすると現場指導とか、実践指導とか、そういう言葉で言われています。スーパービジョンはこれではありません。教えない。そんなところで教えたって身につかない。自分が考えないと。「あぁ

自分で考えるのか、そう言われたの初めてだな。何を考えればいいのか、さっき本人の考えを聞けって言われたなぁ」。そういう考察の"深め"ということ、これが大事なんです。これは OJT のやり方の反対。これがスーパービジョンです。スーパービジョンというのは教えないです。物事を教えない。考えてもらいたい人に考えさせる。それで、わからなかったら主治医に聞いてしまうんじゃなくて、本人に聞きなさいよ、と。そういう方向性です。それから、だからその間、バイザーのほうが自分自身の言葉として、「これこれこういうことがあったのではないか。お母さんに暴力振るう、お父さんに暴力振るうといって、お父さんたちが入院が適切だと。入院させたらホッとして喜んだ。そういうときにそれで正しいのかどうなのかよく考えてみましょう」とかね。やはり、さっき私が口走りました、家族はしばしばクライエントの敵なんだということをね。そういうようなことでスーパービジョンを言語化した過程として進めていく。要はやはり相手のサポートが必要です。OJT ですぐ教えてしまうのではなく、考えることができるようにサポートしていく、支援していく、支持していく。これがスーパービジョンだと思います。

　いろいろ言いましたが、ソーシャルワークというのは、これも大野先生がまとめてくださいましたけれども、「クライエント自己決定の原理」というのを大変大事にしています。だから私たちの言うことを聞くのではなくて、クライエントが本当に自らこういうことをやっていきたいと思うことを実現できるようにサポートすること。これが「自己決定の原理」ですね。そういう姿勢が伝わると、「かかわり」が熟成していくんです。「かかわり」がうまくできてくるんです。「かかわり」が強くなると、クライエントも自己決定をもっとしやすくなります。ですから、「自己決定の原理」が１番目です。それから「人と状況の全体性」ということも教わりましたね。精神的な問題とか、あるいは暴力だとか暴行だとか、あるいは地域社会の迷惑だとか、こういうのはその人がどこか性格が悪いから、あるいは病気だからということではなく、いろいろな状況に反応して「そんなことない！」というようなやり取りが必ずあるはずなんです。ここで「人」というのはいわゆる患者さんで、「状況」というのはその

人をめぐるその状況です。そのときの地域の状況とか、社会状況とか、家庭の状況とか、そういう人と状況を全体的に見ていかなければいけない。これが２番目なんです。「**クライエント自己決定**」、それから「**人と状況の全体性**」、そして、制度政策というものを変えていくということも大事だけれども、その前にまず目の前にいるその患者さんを大事にしようという、そういう「**かかわり**」、関係です。この３つ。いいですね、一つは「クライエント自己決定」、そして「人と状況の全体性」、もう一つが関係、「かかわり」ということなんです。この３つを大事にして、いわゆる「日本精神医学ソーシャル・ワーカー協会」の設立をはじめとして、日本 PSW 協会のみんなが賛同してくれた。そういう賛同者が今日もここにいらっしゃっていて、私は嬉しいです。

第III章

参加者とともに

質疑応答

相川章子：大野先生からは、歴史的なことを振り返りながら、資料をもとにスーパービジョンについて丁寧にご説明いただきました。また、柏木先生には、本当にこれまでの長いソーシャルワーク人生の中で大事にしてきたことを、さまざまな事例をもとにお話しいただきました。

　おふたりそれぞれ、大野先生は柏木先生の話を聞いて、柏木先生は大野先生の話を聞いて、何か一言ずつディスカッションしたいこと、もしくは皆さんに投げかけたいことなどございましたら、お願いできればと思います。

大野和男：柏木先生の言われていた、病院における PSW のチーム医療の中での役割が結局は「医療モデル」で捉えられてしまっているという話について、「Y 問題」の継承性の中で、病院の PSW が、今までの反省も踏まえてどういう仕事をしているかということで思い出したことがあります。私が理事長のときに事務局長を担っていた高橋一さんが業務論の研究を進めていて、業務分類を策定することに貢献しています。その中に日常的に PSW（ソーシャルワーカー）が行う業務に「人権擁護」の実践を行うことを入れています。それは、まさしく「Y 問題」の反省を踏まえた上での業務論でした。PSW にとって人権擁護にかかる実践は常に意識されていなければならないのは言うまでもないことなのですが、PSW も生身の人間ということなのでしょうか、自らが置かれている状況の中に埋没していて、人権擁護にかかる実践とそのことの持つ意

味が継続されない、大事にされないまま業務をすることに流されてしまっているのだなということを感じながら、柏木先生の話を聞いておりました。しかし気がついていたんですね。柏木先生があらためて問われたように、それはそうだろうなと私も理解します。「Y問題」が今もあるということは、私の挙げた資料4・5にも示されているように、まさしく今日的な顕在的した「Y問題」です。しかもよくないことに、PSWが当事者からY問題とは異なって糾弾されないままでいる。直接PSWがそのこと（患者狩り）に関わっているにもかかわらずです。経営者の手先になって直接「患者狩り」をしたのがPSWなのです。また、そういうことをして集められた患者さんたちだとわかっていて仕事をしているのがPSWなんですね。無批判的に関わっている。そんなことでPSWとしての実践ができるのかということですね。今日的にも非常に大きな問題がある、にもかかわらず鈍感、あまりにも鈍感すぎているという話です。ここのところはぜひとも敏感になっていなければいけないだろうと、警告も含めお話ししたところです。

相川：ありがとうございます。

柏木　昭：ただね。そういう理解を皆がわかってくれるだろう。ソーシャルワーカーの立場というのはどんなものなのかということもわかってくれるんじゃないか。と、楽観しているのは私たちではないかなと思っています。で、その楽観している隙に、いつの間にかさっき言った「三原則」まで忘れてしまって、業務に生きてしまう。「こういう業務ができたから私、これで一件落着。こういう業務もやれている。必要な退院、必要な入院、これもちゃんと私はやっているからいいだろう」では済まない。「三原則」というのがあるんだということを、肝に銘じていただけるかなと思っております。

相川：ありがとうございます。本当に襟を正さないといけないなという思いに至るお話ばかりだったかと思います。

　それでは、ここで、どんな方が今日いらっしゃっているのかをご紹介しようと思います。名札を見ながらですけれど。まず在学生、4年生の皆さんがいらっしゃいますね。それから今、精神保健福祉士として現場で仕事をしていますという方が2人。そして、高齢者の領域でお仕事されているという方が、何人かいらっしゃいますね。あと児童の領域の方、MSW（医療ソーシャルワーカー）の方が2人ですかね。それから、障害領域で、生活保護関係の方、そして重症心身障害が中心の方がおられます。

相川：今のお話を聞きながらご質問を自由に承りたいと思います。精神保健の領域でない方もたくさんいらっしゃいますが、ソーシャルワーカーとしてということで、いろいろな立場でご質問いただければと思います。今のお話はまさに、「Y問題」というのは、「本人不在」の話だったんですよね。それから柏木先生からは、ご家族とご本人のニーズが異なるというお話がありました。おそらく高齢者の領域や障害者の領域、もしくはMSWの皆さんも共通して悩まれている部分がおありだろうなと思いますので、よろしければどうぞご自由にご質問ください。

　それから学生の皆さんは、「スーパービジョンって何だろう」なんて思いながら、聴かれていた方もいるかと思います。先ほど大野先生から、自分が経験したのはこんなスーパービジョンだった、というお話もありました。4年生の皆さんは実習を終えたばかりで、実習のスーパービジョンを受けてこられていると思います。自分の経験を踏まえてお聞きしたいことがありましたらお願いします。それでは、いかがでしょうか？

S（参加者）：大野先生には7年くらい「NPO法人ドレミファ会」でお世話になっています。新卒で卒業してから横浜でずっと精神疾患を持っている方々と関わってはいるんですけども、やっぱり今でも先生方がおっしゃっていたような、自己決定の部分でしたり、ワーカーが治療者になってはいけないというところの部分に関して、常日頃頭に入れて現場で働いています。

　私のデスクがあるんですけれど、デスクの見えるところにPSWの倫理綱領の縮小したものを置いています。自分なりにここだけは絶対にブレてはいけないという部分だけは、マーカーを引いてあります。やっぱりちょっと自分が——最近も悩んでいることもありますけども——迷ったときに、気持ちが沈んで下を向いたときに、ふとそこに映った倫理綱領っていうのを一読し直すことで、ちょっとこう気持ちがリセットできたりしています。それでも難しいときには大野先生にいつも夕方ご連絡させていただいて（笑）、業務の終わった後に、夕食とか食べてるときで本当に申し訳ないなと思いつつも連絡させていただいて、先ほども出ていたように、「こうしたほうがいい！」ではなくて、「こういう場面だったらS君はどうしたいと思ったの？」。そういうような投げかけをしてくださるので、長時間だと1時間以上になってしまうことも多いですけども、一つずつそういうふうに潰していってくださるので、本当に今の自分があるのは、そういう時間があったからだなと思っております。お二方のお話を聞いて、今後もより気持ちを引き締めようかなと思いました。ありがとうございました。

相川：ありがとうございます。

　大野先生が近くにいるというのはすごく恵まれた環境ということですね。多分、そういう相談をできる方が、夕食時間を削りながら1時間も聞いていただける方が周りにいない環境の方も多いのかなと思っています。

　ちょっと私のほうから質問をさせていただきますが、電話も含めて、「私のスーパーバイザーはこの人だな」っていうスーパーバイザーを持っているという方、どれくらいいらっしゃいますか？　手を挙げていただいていいですか？…3人ですね。その他の方、何とか試行錯誤やっているという日々でしょうかね。今お手を挙げてくださった方で、例えば自分はスーパーバイザーですという方いらっしゃいますか？…なるほど。それでは、少しスーパーバイザーとしてもスーパーバイジーとしてもいろいろな経験がおありということで、Hさん、何かご意見やご感想、ご質問等いただければと思います。

H（参加者）：今年から大野先生のスーパービジョンを受けさせていただいて
います。職場は児童発達支援センターというところで、現場の責任者みたいな
かたちなので、保育士さんなどからいろいろ相談を受けるかたちで仕事をさせ
ていただいています。今日のお話を聞いてすごく印象に残ったのは、「Y問題」。
精神保健の分野では確かにそういうかたちだと思うのですが、児童分野のほう
で、「子どもが保護されたときに本人にどれだけ説明できているかどうか」って
いうと、ほとんどできていない状況です。親には説明しますけれど、「何で
保護されているか、なんで今施設なのか」、子どもにどれくらい説明できてい
るかというと、形だけ説明していて実際にはまったくできていない状況があり
ます。ですから、いま「Y問題」の話を聞いて、児童分野はまさしくその状態
だというのをすごく感じて、立ち返って向かい直して、またいろいろなところ
で話をしていかなければならないかなと。話というか、自分のところからも少
し変えていかなければいけないなと思いました。ありがとうございます。

相川：ありがとうございます。児童分野でも「本人不在」である現状について
お話しいただきました。

　「本人不在」ということでいえば、一番起きがちなのは、精神障害の方で具
合が悪くなったときに——最近あったことで経験したことなんですけれど——、
「もうご本人は判断能力が無くなっているんだから決めてあげないと可哀そう
だよ」というふうに言われることです。その方は他職種でしたけれど、PSW
もそこに同席していて、ご本人にはそういう意向はないということを発言し、
それから非常に頑張っていました。けれども、連携という点ではなかなかうま
くいかないということを経験したところです。

　そのあたり先ほど柏木先生からご本人とご家族はニーズが正反対になる場合
がある。もちろん一番典型的なのは、ご家族は入院させておきたいが、ご本人
は退院したいという局面でPSWはそこに関わるということがあります。先ほ
ど「自己決定」という先生のお話と、一方で「人と状況の全体性」という話も
あったかと思います。そういう局面において、間に挟まれている方々もいらっ

しゃるかと思うので、先生方、ご意見、コメントがありましたらぜひ伺いたいと思います。

大野：保健所に配属されていたときは精神保健業務を担当していました。保健所管内に精神科救急医療施設として精神科病院が輪番病院として 7 〜 8 施設あり、精神科緊急・救急時にはその病院に対応していただく仕組みになっていました。保健所の精神保健業務で精神科緊急・救急に関わる業務が生じた場合には、行政権の発動（精神保健福祉法第 29 条に基づく行政処分）により、意図的にせよ結果的にせよ強制的な入院を本人にもたらすことがあります。保健所の業務として、輪番病院の中の当日の当番病院に診察と、診察のための精神保健指定医 1 名を要請し、他の指定病院からも精神保健指定医 1 名の派遣を要請し、診察のための段取りを整えた上で、警察に精神病の疑いで保護されている本人と共に警察車両に便乗し、病院まで移送してもらったということが何度もあります。

　私が勤務していた神奈川県の保健所では、精神保健相談員（当時、現・精神保健福祉相談員）の業務として規定があり、精神保健相談員はソーシャルワーカーなのですが、緊急時はそういう事務業務と呼ばれる役割を担っていました。

　精神科緊急・救急時における精神病の陽性症状が強く表れているような人であっても、関わることができますし、関わることに私は努めてきたと言えるのかもしれません。精神病が病であるならば、その人の根底には必ず健康なものを有している。その健康なところに私がどれだけ触れることができるか。その触れることのできるところから関係が生み出されるという考えです。陽性症状が強まると多くの場合その人は本当に生活することに困り、行き詰まっていくことが多いのですね。「このように困ったことがあったとき、今までどうやってきたの？」というように、その困っていることに一緒に向き合って、困っている状況に目を向けながら、可能なかぎり本人とできるだけ語り合う時間をつくって、関係性を深めていこうとしてきたように思います。それができると、結果的には病院の診察を受けることになるのだれけど、そのとき、人により言

い方はいろいろありますが、「大野さんがついて行ってくれるなら行くよ」と
いうようになってくれた方がいました。「それなら、僕もついて行くよ」、本人
も「行くなら行くよ」ということです。結局は強制的な入院ということになり
ますけれど。一緒にこの過程をたどることができたことは、地域に戻ってきて
からのその人の関わりに良い影響をもたらしたことが多いように思っています。
もちろん、そうでない場合もあります。面会時に「保健所というのは市民のた
めを考えていろいろやってくれるんでしょう？　あなたは何よ！」と、叱られ
たこともあります。入院するまでの経過できちんとその人の気持ちを汲みなが
ら関わることができなかったからですね。嫌われちゃうんですね。また、ソー
シャルワーカーとして私の中にも後ろめたいものがあるわけですよ。強い陽性
症状があり、地域社会の厳しい状況もある中で、早急に強制入院になったのだ
けれども、ほとんど本人との関係を築けないまま入院に運んでしまったという
後ろめたさがあって、こんなことではダメだというね。だから面会に行くんで
すね。で、怒られるんです。怒ってくれたらいいなって思ってね。そこでは、
「あのとき僕はこのように思って、強制入院もやむを得ないと判断して病院に
連れてきたんだ」とね。「あのとき、あなたはこのような状態になっていてね、
その状態では地域で生活していくことはとても無理だと私は思ったのです」と
いうことを伝えるという作業を通して、関係を築いていこうということはやっ
てきた。自己開示しながらですね。そういうことをやってきました。

相川：なるほど、ありがとうございます。対話と自己開示ということに尽きる
という感じがします。人としてそこは対等に向き合うということがあれば、と
いうことを今感じました。ありがとうございます。
　柏木先生、いかがでしょう？

柏木：さきほど、自己開示が重要であるって言いましたけれども、なかなか難
しいんですよ、これもね。とにかく自分の胸の内をさらけ出す。あるいはキチ
ンと相手に伝えるっていうこと。これ、普段から練習をしておいても、なかな

かできないことじゃないかな。練習といったって、それは技術的に習得するだけでは難しい。「そういう覚悟で相手と共に在る」という、そういうこの職業に携わるにあたっての覚悟といいますかね、そういうものが重要だと思います。

　それから、誤解を与えてしまったかもしれないんですけれど、家族はクライエントにとって敵である、ということをさっき言いました。そういう状況もあるんだってことであって、必ずそういう図式が成立しているわけではありません。で、家族にも言い分があるんですよ。「本当にしょうがない。息子がこんな難題もあり悩んで悩んで……」。そういうものを吐露する場というものがどこにありますか？　ないですよ。吐露する場っていうのは、ワーカーしかいないですよ。唯一の専門職、生活支援をすることができる唯一の専門職。ただし、やはりそういう受け手になっていきたい。いただきたい。これやるとね、あなた方の職業人生が本当に豊かになって面白くなりますよ。ただ、業務係で、業務推進係で、入院させ係なんていうふうに自分でも自己規定してしまうと、「つまらないねこの仕事は」となります。お金は儲からない。給料は安いし。僕みたいに国立精神衛生研究所の公務員になっている場合は、これはまぁまぁの生活はできますけれど。そうではない地域の事業所のソーシャルワーカー、PSW なんていうのは、本当に大変だと思います。で、その上仕事が面白くないときってのは、やっちゃいられないですね。放り出して別の仕事やったほうがよっぽどいいです。

　で、家族にも言い分があるということに戻りますが。その家族の言い分を聴くことのできる人というのは、やっぱりワーカーなんですね。ワーカーしかいません。私たちは、看護師、医療職と違って、患者さんの身体に触れることはしませんよね。できません。当たり前なんですね。我々はそういう仕事が専門ではありませんから、人の身体に手は触れられないけれども、心の中、あるいはその人の生活の悩みについては、非常に深いところまで聴く権利を持っている。それを保証されている専門職なんですね。これを使わない手はない。どんどん聞いていっていい。どんどん聞くといったって、無遠慮に聞いちゃいけませんね。やはり相手とのあうんの呼吸で関わり合ってきたなっていうときに、

ちゃんと自己決定ができてくる、そういう「良い時」ができるんです。「良い時」というのはね、僕は、こういう言葉はあまり使う言葉ではないんですけど……。

　ええと、今何時？というのはね。今15時、あと何分って、相川さんがハラハラしていらっしゃる（笑）。で、そういうのはクロノス的時間といいます（笑）。

　皆さんもし知らなければ、ちょっとここで触れておきたいと思います。「カイロス」というのは、ハーバード大学のパウル・ティリッヒという神学者が出した提案なんですね。「ちょうど良い時」。「かかわり」ができて自己決定が生まれてくる。本当にできるんです、「かかわり」が良ければ。「かかわり」が良くなければ自己決定なんて言ってくれません。でも、大野さんが実践の中で自己決定を使われていくときというのは、こういう「時」に遭遇してるんですよね。「カイロス」に遭遇している。

　それに対して、「クロノス」というのは普通の時間。普通の時間に我々は拘束されていますけれども、それは時計見ればわかりますから、「あぁ時間だ。今日はここまでにしておこうね」と言ってしまう。けれど、本当は言えないんだよね、言えないときもある。せっかく「カイロス」が来ているのに、クロノス的時間で、今日面接はここまでね、なんて平気で言えるようなワーカーにはならないでいただきたい。非常に繊細な姿勢なんですけれど、それだけちょっと付け加えたいと思います。

　言ったのは、家族はクライエントの敵では必ずしもないということ。そういう時もあるということ。家族だってやりきれない。家族にはそれを吐露するという権利がやっぱりある。それを聴いていけるか。ワーカーとして聴いていけるか。さっき、唯一の専門職であると言いました。そういう生活課題に応えることができる、そういう関わりを持つことができる唯一の専門職がワーカーですよ。すごいですね。僕は今日初めてそれを言語化して聞きました。嬉しかったです。

相川：どうもありがとうございます。あの、クロノス的には少し気になっておりますが、やはり、私も今からカイロスを大切にして少しお時間いただいて、私の気持ちも含めて、先生方のお話を聴いての感想としてまとめさせていただきたいと思っています。

　私はあの、本当になんでしょうか。カイロス的に先生に出会いました。医学部保健学科というところを出ていたので、まったく違う学問領域からソーシャルワークに出会ったわけで、先生に出会って、先ほども申し上げたんですけど、本当に衝撃的だったんですね。そこで、「あなたは何を勉強したいの？　何を研究したいの？」ということを問われました。それまでの医学部というのは、「これを研究しなさい」と言われるところだったので、非常に驚きました。「自己決定」や「かかわり」や「人と状況との全体性」ということを、柏木先生の実践を教育現場で体感した一人です。

　「自己決定の原理」って皆さん当たり前だと思っているかもしれませんが、実は柏木先生が「自己決定」とおっしゃった時代には、先ほど私がちょっと言いましたけれど、「精神障害者はそこの部分がまず障害なんだから、何をわからないことをソーシャルワーカー言っているんだよ。もっと勉強しなさい」と柏木先生が言われたということがありました。それでも先ほど、「自己決定を死んでも離さない」っておっしゃいましたかね。もう絶対に自己決定なんだ、ということを、本当に信念を持って実践し続けてきて今があるということです。今、ご本人の自己決定が当たり前、という時代になっているというのは、大野先生が話された、「日本精神医学ソーシャル・ワーカー協会」のさまざまな歩み、「倫理綱領」や「業務指針」を作られたこと、その前には「Ｙ問題」があって、「札幌宣言」があってという、この歩みがまさに「自己決定」や「人と状況の全体性」、そして「かかわり」という、目に見えないものをキチンと専門性として位置づけてきたからなのだと。私たちの中に原理として位置づけてきた、この歴史があるからなんだなということを、あらためて思いました。

　この歴史を聴くことは、ソーシャルワーカーの方たちには意味がありますし、

ぜひそれをもとにこれから現場で実践していただきたいと思います。

　今回は、「ソーシャルワークにおけるスーパービジョン」というのがタイトルだったのですけれど、スーパービジョンで大事にするところは、まさにソーシャルワークそのものということですね。ソーシャルワークのスーパービジョン関係でもまさに、「かかわり」と「自己決定」ということが重要です。スーパーバイザーとスーパーバイジーの「かかわり」であり、スーパーバイジーの「自己決定」を大事にするという、そのスーパービジョン関係がまさに、そのスーパーバイジーのソーシャルワーク関係に反映していくのだろうなと思いながら聴かせていただきました。

　本日は、本当にどうもありがとうございました。

第 IV 章

スーパービジョンの必要性と価値
——おふたりの講演を受けて

相川　章子

1.　はじめに

　大野和男先生、柏木昭先生の対談講演を多くの皆様と共有できることを嬉しく思います。おふたりの先生の講演を受けて、所感を述べさせていただく機会を与えられたことはこの上ない光栄であるとともに、いまだかつて味わったことのない重責を感じています。おふたりの先生が語られたことの価値を、先生方の背景、考えや理論に至った経緯を共有することでさらなる理解が広がることを願い、当センター立ち上げの動機づけについて触れ、スーパービジョンの必要性および価値について、ソーシャルワークの専門性と重ねて述べていきたいと思います。

2.　卒業生の声と人間福祉スーパービジョンセンター設立

2.1　福祉現場の現実と卒業生の悲痛な声

　人間福祉スーパービジョンセンター（以下、当センター）は、本学でソーシャルワークを学んだ卒業生たちの声によって設立されました。私は2003年10月に本学へ着任し、その年には卒業生の相談を受けるようになりました。当然、私の教え子ではなく、学生が相談に訪れたゼミの先生の紹介を受けてのことでした。卒業生のＡさんは精神保健福祉士を目指して学んでいましたが、途中で断念せざるをえず、卒業後は一般企業に勤めていました。しかし、やはり福祉の仕事をしたいと思い、ゼミの先生を訪ねてこられたのでした。私はＡ

さんの地元の市の精神保健福祉士を紹介し、精神保健福祉士から地元の事業所
をいくつか紹介してもらったようで、すぐボランティアに参加されました。そ
のつながりで、まもなく職員となり、その間に通信教育で精神保健福祉士の資
格を取得し、数年後には所長になったと風の便りが届きました。

　その後、週末になると教え子を含む卒業生たちがたびたび相談に訪れるよう
になりました。自分が思うような支援ができない不甲斐なさ、不勉強さへの後
悔の念などを抱く彼らが、先輩らに教えてもらいながら多くを学んでいる様子
は頼もしくもあり、微笑ましいものでした。

　一方、夢と希望を抱いて福祉現場に就職したものの、学んできたこととの
ギャップに戸惑い、怒り、苦しんでいる卒業生も多くいました。職場内にスー
パービジョン体制はなく、支援の理想を抱くほどに孤立感を得ており、転職や
辞職の相談も少なくありませんでした。なかには、「もう福祉の仕事から離れ
たい」という声も聞かれました。

　志高くして福祉職に就いた若者たちがやりがいを持って働き続けられない職
場は、クライエントにとっても居心地の良い場ではないに違いない。彼らが働
き続けられなければ、福祉現場は変わらない。なにより卒業生をはじめとする
若者たちが夢を抱いて就いた職業に失望するという経験は残念でなりませんで
した。そして、彼らのやるせなさや苦悩は、私たちにソーシャルワーク養成教
育について考えさせるものとなったのです。

2.2　設立の経緯

　これらは私の悩みとなり、私の恩師でありスーパーバイザーである柏木昭先
生に、卒業生らと私のスーパービジョンについて相談したところ、先生は「組
織的にやらないとね」とおっしゃられました。当時の私には「組織的にやる」
とはどういうことなのかイメージすらありませんでした。当時の学科長牛津信
忠先生（現・名誉教授）に相談したところ、「私も卒業生で苦い経験があるん
です」と切々と語ってくださり、スーパービジョンの必要性を説いてください

ました。当時の学部長中村磐男先生（現・名誉教授）と牛津先生の3人で相
談の機会を持ち、牛津先生が「スーパービジョンセンターのようなものを立ち
上げましょう」とおっしゃられ、中村先生が「総合研究所に設置するといいで
しょう」と。私はようやく「組織的にやる」イメージを持つことができ、現在
のスーパービジョンセンター構想のドラフトを描くことができました。その後、
両先生方のご尽力によって、日本で初めての大学付きのスーパービジョンセン
ターが立ち上がったのです。

3. 私の新人時代とスーパービジョンへの思い

　卒業生たちの話を聞きながら、同時に私自身の新人の頃を思い出しました。
初めての実践現場はデイケアの非常勤スタッフで、ソーシャルワーカーや心理
職、作業療法士、看護師、医師のベテラン専門職と、私のように1年目から
10年目までの多くの非常勤スタッフがおり、恵まれた環境でした。しかし、
私自身にはすべてにおいて何一つ確かなものがなく、その場に共にいて、目の
前で起きていることを受けとめるだけで精一杯でした。私自身のかかわりにつ
いて振り返り、知識のなさを反省しました。なかには、受けとめることも困難
な、処理のできない疑問、いわゆる問題意識のようなものが湧き起こることも
ありました。それは、精神科医療に対するものや、支援のありようについてな
どで、今でこそ言葉にできますが、当時は言葉にしようともせずに通り過ごし
てしまいました。そういう不甲斐ない私の新人時代を重ねると、卒業生たちが
悲痛な思いや不安をなんとか言葉にして語ろうとすることに、尊敬の念を禁じ
えません。彼らの言葉にもならない心の声に耳を傾け、言葉を紡ぐ作業は、当
時の私の言葉を紡ぐ作業でもありました。

4. 柏木先生、大野先生との出会い

　私が大学を卒業後は、縁があって国立精神・神経センター（現・精神・神経

医療研究センター）精神保健研究所の研究生として松永宏子氏（当時、研究所室長）のもとで、精神科デイケアの非常勤と、日本精神医学ソーシャル・ワーカー協会（現・公益社団法人日本精神保健福祉士協会、以下、日本 PSW 協会）の事務局員を掛け持ちすることになりました。まもなくして、当時日本 PSW 協会理事長の大野先生には会議の場で、柏木先生（当時、協会会長）には研究所主催の研修講師として、初めてお会いしました。

　それは、日本 PSW 協会が精神科ソーシャルワーカー単独資格としての議員立法へと舵を切った年でした。しがない新人事務局員には理事長も会長も雲の上のような存在で、ほとんどお話ししたこともないまま、1 年が終わろうとしていました。

　進路に悩んでいた私を見かねて松永さんは福祉系大学院を勧めてくださり、柏木先生のもとで学ばせていただくこととなりました。それから30年あまり、柏木先生と出会っていなければ今の私はありません。

　大野先生とは、今から十数年ほど前に、谷中輝雄先生（当時、白百合女子大学）を囲んで、「サロン赤羽」（以下、サロンとする）というソーシャルワーカーらの勉強会が開催されており、そこでご一緒させていただきました。ソーシャルワークの歴史書には書かれていない日本のソーシャルワークの歩み、そしてこれからの精神保健福祉の進むべき方向と展望など豊かな学びの場でした。思えば、こうした勉強会が私にとってはソーシャルワークの価値を再確認し、ソーシャルワーカーとしてのアイデンティティを培うスーパービジョン的な役割を持っていたのです。

　サロンの帰りは両先生を私の車でお送りするのが常となりました。車の中では、サロンの続きのような、時にはここでしか聞けない裏話などが繰り広げられ、豊かなひと時でした。最後のサロンから 3 週間後、谷中先生の訃報の知らせを受けました。私の受け入れ難い悲しみを受けとめてくださったのが大野先生でした。

　おふたりの先生方同士は、日本精神医学ソーシャル・ワーカー協会（現・日本 PSW 協会）を通して苦楽を共にされた長い長いつながりをお持ちです。日

本の精神科ソーシャルワークを築き、精神保健福祉士であれば誰もが知るおふたりの先生による研究講演会を、おそらく誰よりも楽しんで、興奮して聞いたのは私でしょう。

5. スーパービジョンとソーシャルワークの専門性

5.1 スーパービジョンの定義をめぐって

　日本のソーシャルワーク実践においてスーパービジョン体制の未整備は、ソーシャルワークの発展およびソーシャルワーカーの育成において深刻な課題として存在しています。

　スーパービジョンをテーマとしておふたりがもっぱら論じているのは、ソーシャルワークの専門性についてです。そこで、あらためて言うまでもないことではありますが、スーパービジョンとソーシャルワークの専門性はどのような関係、位置づけであるかについて、はじめに整理させていただきたいと思います。

　まず、ソーシャルワーク・スーパービジョンについて共通理解を持ちたいのですが、その定義は日本はもとより、欧米においてもさまざまな議論がされており、いまだ確定的、統一的なものがありません（若宮 2016）。

　スーパービジョンの定義をめぐる議論については、「スーパービジョンはいかにあるべきか」、「スーパーバイザーはどうあるべきか」を規定する「規範的定義」と、「スーパービジョンは何であるのか」、「スーパーバイザーは何をしているのか」の経験的データに基づいた「経験的定義」の間での議論に加えて、これらのギャップを取り上げ、実際にすべきことを定義づけようとした「プラグマティックな定義」などがあります（若宮 2016）。

　スーパービジョンにおける教育的・管理的（行政的）・支持的機能については、両立性あるいは相補性を強調するカデューシンら（Kadushin and Harkness 2014）のリサーチ結果と、行政的機能と教育的機能の両立性を否定して、それぞれ異なるスーパーバイザーが遂行すべきとする、もしくはスー

パービジョンは行政的機能を行い、教育的機能はコンサルテーションで遂行すべきであるとする考え方に分かれています。

　さて、これらを踏まえて、本章では、当センターの理念および、おふたりのソーシャルワーク論およびスーパービジョン論について共通理解を持つために、スーパービジョンについて以下を定義として論を進めたいと思います。

　　ソーシャルワーク・スーパービジョンとは、人間福祉専門職者（以下、ソーシャルワーカー）の力量の開発と専門性の発達によるクライエントへのサービスの向上を目的とし、熟練した専門職員が初級職員に対して教育的・管理的・支持的機能を展開する専門的指導・支援活動（柏木 2012）であり、「かかわり」を通して「かかわり」を学ぶ（柏木ほか 2010: 126）一連の過程である。

5.2　スーパービジョンの機能と歴史

　カデューシンが提唱したスーパービジョンにおける 3 機能（教育的機能・管理的機能・支持的機能）の根拠については、スーパービジョンの発展過程を紐解くことで理解可能とし、石田（2006）はアメリカにおけるソーシャルワーク・スーパービジョンの歴史を大きく 5 段階に区分して説明しています。第一段階は、導入時期については、いわゆる専門性が確立されていないボランティア訪問員に対して行われた時からとする（Kadushin and Harkness 2014: 3-4）か、ケースワーカーとして採用された有償訪問員に対して行われた時からとするかで見解が分かれているものの、いずれも慈善組織協会（COS）運動に始まったとされる段階としています。第二段階は、20世紀初頭のソーシャルワークのための教育機関の創設とその発展の時代で、スーパービジョンを教育課程として定義づけた段階です。第三段階は、1920～30年代の精神分析がソーシャルワーク理論に統合される時代であり、スーパービジョンにおいては無意識や自己覚知が重視され、セラピューティック（精神医学セラピー的）な

過程となったとしています。第四段階は、1940、50年代以降の「際限なきスーパービジョン」に対する論争の時代とし、スーパービジョンがソーシャルワーカーの専門職業的自立性を脅かすという批判が登場した時代です。第五段階は、サービス評価や組織に対する評価が導入され、効果よりも効率が重視され、援助関係が契約関係となるなかでの行政的スーパービジョンへの回帰の時代であるとしています。

　つまり、ソーシャルワーク・スーパービジョンは、COS 時代の行政的機能から始まり、20世紀に教育的機能が発展し、ソーシャルワークが専門職業化するにつれてスーパービジョンへの批判が起こり、近年では再び行政志向が重視されるようになったとしています。支持的機能については、遅れて付加、発展してきたとされています（Kadushin 1992: 617–621; Dublin 1989: 619）。

　日本におけるスーパービジョンの発展は、アメリカのソーシャルワーク理論の展開に影響を受けつつ、実践のなかで展開してきました。その導入は1950年代初頭、宮城県児童相談所と言われます。その後、社会福祉事業法において福祉事務所に査察指導員の配置というかたちでスーパービジョンが制度として導入されたものの、職員が福祉の専門性を有していない場合が多く、機能してきませんでした。その後、1953年に葵橋クリニックを開院したアメリカ人ソーシャルワーカーのドロシー・デッソー氏によるスーパービジョンが実施されるほか、柏木昭先生が1963（昭和38）年よりスーパーバイザーとして貢献された東京都医療社会事業協会におけるグループスーパービジョンなど、主に医療ソーシャルワーク分野において導入、展開されていきました。さらに、精神保健福祉領域においては、日本精神医学ソーシャル・ワーカー協会（現・日本 PSW 協会）が組織的にスーパービジョンの導入を試みました。

　一方、これらの発展の背景には、対人支援職のバーンアウトや職場定着率の低さなどの課題が浮き彫りにされ、ミクロレベルのみならずメゾ、マクロレベルにおける福祉的課題とともに、スーパービジョンおよびコンサルテーションの必要性が重視されるようになったことがあります。

　しかし、日本のスーパービジョンの展開においては、職場内における組織的

な導入は見られず、日常業務内の流れのなかで業務管理的機能に重きが置かれ、ソーシャルワークの専門性やアイデンティティを確認し、またその専門性向上を意識する機会は整備されているとは言いがたい現状があります。

6. 「かかわり」のなかで構築された専門性

6.1 「クライエントの話に聴く」かかわりと「自己開示」

　精神保健福祉士（以下、PSW）の専門性は、日本 PSW 協会で長らく議論され続けている最大のテーマであると言えます。

　柏木先生は、終始一貫して「『かかわり』なしのソーシャルワークはソーシャルワークにあらず」と説き続けています。「かかわり」とは、一方向的な「かかわり」ではなく、クライエントとの協働というかたちの「かかわり」であるとし、あくまでも対等で双方向的な対話に基づいた関係性の構築を言います。『ソーシャルワーク協働の思想』の「まえがき」の中で、「『相手の話を聴く』のではなく、『相手の話に聴く』［筆者注：相手の気持ちに寄り添いながらかかわりを共につくっていこうとする姿勢］でなければならない」と述べています（柏木ほか 2010: 7-8）。「かかわり」とは、クライエントを対象化して関わるのではなく、「かかわり」自体をもクライエントと共につくっていくものであり、その営みこそがソーシャルワークの基盤であり、価値なのです。それゆえに、スーパービジョンにおいても重要な着眼点となります。

　牛津先生は、ワーカーとクライエントの間に、包まれるものが包み込み、包み込むものが包まれる主体的な相互包摂関係が顕現するとしており、これはスーパーバイザーとスーパーバイジーにおいても同様であると述べています（牛津 2012）。

　ソーシャルワーク関係において、クライエントは困っている課題を抱える当事者として、支援者の前に存在し、支援者は支援者としての役割を全うしようとするため、「支援する―される」関係が構築されることは当然です。一方で、固定化した関係は、互いの「間」を閉じていき、力動的関係から静的関係へと

変化するなかで、問題解決への方途も閉じられていき、行き詰まります。残念なことに、このような状況においてもなお、「支援する―される」という固定化した関係にとどまっていることに無自覚であることが少なくありません。固定化した関係から解放されていく過程にはどのような「かかわり」があるのでしょうか。柏木先生のおっしゃるワーカー自身の「自己開示」が鍵を握っているのではないでしょうか。常に一方的に情報を開示させられているクライエントと、クライエントにしてみれば何一つ個人的情報を知らされていない支援者とが出会うなかでは、お互いの持ち合わせている情報量からして決して「対等」とは言えません。しかし、互いに主体的な存在として尊重し合う「かかわり」を通して、「対等」に近づいていくことは、支援する側が「自己開示」することや、時に「支援する―される」を逆転するような場面を持つことで変化、解放されて、可能となるのではないでしょうか。人は、誰かの役に立つと思ったときに自らの存在価値を認識し、自らの本来持つ力を発揮できるようになり（エンパワメント）、リカバリーの道を歩むようになるのです。

6.2 「自己決定の原理」と「人と状況の全体性」

　今でこそ、ソーシャルワークにおける「自己決定」は当たり前であり、誰もがその原理について疑わないでしょう。しかしながら、かつて柏木先生は、ある精神科医から批判、否定されてもなお、「自己決定は死んでも離さない」という覚悟で、自己決定の原理を説き続けました。単なる静的権利論としての自己決定ではなく、力動的関係論として、あくまでも、その人に必要な「時間」をかけた「かかわり」を通しての「自己決定」を一貫して主張されました。この場合の「時間」とは、客観的な時間（クロノス）ではなく、主観的な時間であり、出来事の連続性や重なり、タイミングといった「ちょうどよい時」（カイロス）です。このことを村上（1986）で取り上げられた時間の概念を参考にして「時熟」と表現しています。つまり、すべての人に主体的な「意志」があり、人と人とのかかわりや、組み合わせによって、「ちょうどよい時」に、

自分で選んだり、判断したり、決めることができることが重要なのです。

　では、出発点である「意志」とは何でしょうか。國分（2017）は、アルコール依存症の会話から、古代ギリシャ語には「意志」という概念がなかったことに着目し、私たちに純粋な「意志」などなく、「意志」は組み合わせによって生まれているのではないかとしました。私の母はホームヘルプサービスや訪問リハビリなどの介護サービスを受けています。機器に詳しい支援者には、来る日を待ってパソコンや携帯の相談をし、食事の趣味の合う支援者とは食事の話をするのを楽しみにしています。つまり、私たちの「意志」とは、私たちを取り巻く状況の組み合わせによって変わるものであり、私たちにはさまざまな「意志」や「ニーズ」があり、それぞれの「かかわり」を通した「自己決定」もまた一つではなく、多様であると言えます。

　あたかも純粋な「意志」が存在し、それに向けて「支援」を行っていこうとすると、私たちの日々の自然な暮らしの営みとは異なる「支援」という位相のなかで、不自然な固定化した関係を構築することとなり、不自然に掲げられた「意志」に向けた自己決定支援を行うことになってしまうでしょう。

　「人と状況の全体性」は、アセスメントにおいて重要な視点ですが、アセスメントもまた、「かかわり」を通して、クライエントと共につくっていく過程です。「かかわり」もまたクライエント共につくっていくものであれば、それぞれの「かかわり」を通して生まれる「自己決定」の表明そのものが、共につくる「アセスメント」となります。

　これらは、「Y問題」によって再確認された本人不在への警鐘であり、すべてのプロセスはクライエントと共にあり、つくる「協働」であり、相互包摂的関係性としての「かかわり」であることが、ソーシャルワークにおいてもスーパービジョンにおいても基軸となるのです。

6.3　私たちが生きたい場（トポス）

　佐々木は「『かかわり』から『つながり』、つまり『協働』へという流れが地

域支援の展開をより拡大させる起動力になっていくのではないか」と述べています（柏木ほか 2010: 62）。

　すべての人は、生きたい場、暮らしたい場で暮らす権利を有しています。日本の精神科医療の現状を見ますと、「令和元（2019）年度精神保健福祉資料」によれば、1年以上の長期入院患者は16万人を超え、なかでも10年以上の入院は約5万人とされています。平均在院日数は294.2日（厚生労働省「令和2年9月患者調査の概況」）であり、諸外国に類を見ない長期の入院者が多数存在しています。人口千人に対する精神科病床数は、日本は13.0に対し、イタリア3.1、アメリカ2.9、イギリス2.5、カナダ2.5であり、欧米諸国のおよそ5倍の精神科病床を有しています（日本医師会 2021）。このことは、多くの人が地域で暮らすことがかなわず、精神科病床で過ごしていることを示しています。そして、2万人を超える患者（平成23年時点）が精神科病院で死亡しているのです。

　このような日本における現状は、私たちの生まれながらに有する生きたい場所で生きる権利の侵害であると言えます。

　大野先生や柏木先生が強調されるように、これらの現状の脱施設化に寄与する職種として精神保健福祉士は創設され、精神科医療改革のみならず、地域で共に暮らすための社会変革に向けたソーシャル・アクションを促進する役割が求められていることは言うまでもありません。そして、精神保健福祉士をはじめとするソーシャルワーカーは、実践の場を医療現場から地域へと移し、クライエントである精神障害者のみならず、地域住民、地域全体をもステークホルダーとして共にかかわり、共につくっていく協働の主体となるのです。ソーシャルワーカーは、ソーシャルワークの現場がどこであれ、同じ生活者として出会い、かかわっていきます。地域の中で展開するソーシャルワーク関係は、互いに生きたい場（トポス）の中で、同じ生活者として出会い、かかわり、相互主体的な関係性を構築してゆき、その総体として、包摂的な地域がつくられていくことになるのです。

7.　人間福祉スーパービジョンが目指すもの

7.1　スーパービジョンによって育まれる専門性

　大野先生は、1970年頃のグループスーパービジョンでは、面接場面の録音の文字起こしを振り返って、一つ一つの会話から掘り下げていくようなスーパーバイジー経験をして、それが自己覚知や自己洞察を深めることにつながったとする一方で、自己嫌悪に陥り、自信をなくし、くたびれるような経験でもあったと話されています。そして、スーパーバイザーとしては、自身が経験したような追及するようなことはせず、スーパーバイジーの悩みや行き詰まっていることについて「一緒に考えていく」方法をとられています。自身ソーシャルワーカーとして、「重い気持ち」が理解でき、そう簡単にうまくいく道筋があるものでもないことがわかるだけに、「一緒に考えていく」のだというのです。そのときに、「クライエントに感謝しながらかかわっていこう」と伝えることで、スーパーバイジーが追い詰められている状況的課題と「自分」の間に少しの「間」ができるのではないでしょうか。さらに、「一緒に考えてくれる」スーパーバイザーがいることで本来持つ力を発揮できる準備が整い、自ら考える力を取り戻していく営みが、スーパービジョンのなかで展開されていることがうかがえます。

　柏木先生は、スーパービジョンではスーパーバイジーが「自分で考える」ことが重要だとし、スーパーバイザーが「こうしたらいい」と教えるものではないと強調します。「自分で考える」ときに考える起点となるのが、「ご本人」であり、クライエントとの「かかわり」です。スーパーバイジーが、自分の「かかわり」を振り返り、考えることができるよう、スーパーバイザーは支持的な機能を果たすことが重要だとしています。まさに、スーパーバイジーの自己決定を尊重したスーパーバイザーの支持的なかかわりから、エンパワメントしていく過程のなかで、そうした「かかわり」の価値を体感し、それがクライエントとのかかわりにつながっていくのではないでしょうか。

　そのときに、大野先生が経験したように、自分自身のかかわりを直視するこ

とで、自信をなくしたり、自己嫌悪に陥ったりすることを含めた自己覚知、自己洞察を深めるに至ることは大いにありますが、そういうことに一人で向き合うのではなく、スーパーバイザーが「一緒に」向き合うことを見守り、「一緒に」考えてくれることで、次なる「かかわり」につながり、専門性の向上につながっていくのです。

このようなスーパービジョンの営みは、ソーシャルワークの専門性向上の循環的過程であると言えます。

7.2 当スーパービジョンセンターにおけるスーパービジョン

当センターが実施しているスーパービジョンは、職場外のスーパービジョンです。これは、前に述べたとおり、日本の福祉現場における実践的課題に対し、福祉支援職への救急的な対応、対策として設立されたものです。そこでは、希望を抱いて福祉職に就いた新人（初級）ソーシャルワーカーらが、幻滅したまま福祉現場を離れることなく、自己有用感や自己効力感を得ていく支持的機能が応急的に必要となったのです。それらの経験もが成長の糧となるような教育的機能と、現実の福祉現場で何が起きているかを整理し、それについてどう考えているのか、問題意識や葛藤を言語化し、個人的な課題と、専門職としての課題と、職場の課題と、メゾレベル、もしくはマクロレベルの福祉現場の課題を整理していくような営みが必要となります。

本来のスーパービジョンは、各職場内で展開されることが望ましいでしょう。しかしながら、日本の福祉の実情に照らし合わせると、教育的機能および支持的機能については、こうした職場外のスーパービジョンを位置づけ、活用されるよう整備していくことが必要だろうと考えます。当センターの取り組みはその必要性を確かめる上で貴重なスーパービジョン実践であり、今後の課題として、当センターの実践の検証を行っていく必要があるでしょう。

8.　ピアサポーターの登場とソーシャルワーク

　私は、ピアスタッフやピアサポーターらとの調査研究、活動を通して、リカバリーの探求をしています。ピアスタッフやピアサポーターとは、精神障害であるという当事者としての経験および立場を活かして、同じ経験のある仲間（ピア）のリカバリーに貢献する新たな職種です。ピアサポーターやピアスタッフの実践は、日本では1980年代より生まれていたものの、増加や広がりは見られませんでした。彼らに関する議論や研究は、欧米諸国においても1990年以降であり、アメリカでは、1999年にジョージア州によって州認定のピアスペシャリスト制度が創設されたことを契機に、全米に広がっていきました。日本においては、1980年代にピアカウンセリングが輸入され、2000年以降に大阪でピアヘルパー制度、その後、地域移行（当時は退院促進事業）におけるピアサポーターの広がりによって、認知を得ていきました。制度化としては、2021年度より障害者総合支援法の障害福祉サービスにおける加算制度として位置づけられたばかりです。

　彼らのなかには、精神保健福祉士等の資格を取得し、それらの専門性と当事者性を併せ持つ者もいて、多様なあり方や「かかわり」が生まれています。そして、その多くが、PSW らが運営する事業所で雇用され、共に働いています。なかには、ピアスタッフが運営する事業所で、PSW らが雇用されている例もあります。

　おふたりの先生方の講演で強調されているとおり、ソーシャルワークは、共につくる「かかわり」を重視した、双方向の対等な関係のなかで「協働」していく営みです。そして、柏木先生はその対等で双方向の「かかわり」で生み出される「協働」においては、「自己開示」が鍵を握ると述べています。

　ピアサポーターやピアスタッフの最大の強みは、自身の経験を活かすこととされ、その活かし方は、「自身の経験を差し出す」と表現されるように、仲間の話をよく聴き、リカバリーに寄与すると思われる自身の経験を語りながら、

対話していくことです。おふたりがおっしゃる「かかわり」ときわめて近いものです。では、ピアサポートとソーシャルワークの「かかわり」のどちらかが不要なのかというと、そうではく、現実にどちらもクライエントから必要とされているのです。

　ソーシャルワーカーの専門性を考えたとき、そこでは、「ソーシャルワーカーとクライエント」という構造のなかで、その「かかわり」に着眼し、その先には「クライエントの自己実現」を目指し、ひいてはクライエントがよりよく暮らせる社会を目指しているのです。一方、ピアサポーターやピアスタッフが基盤とするリカバリーの考え方で強調されていることは、「誰もがリカバリーの道を歩むことができる」ということであり、そのことを信じる「希望」です。ピアサポーターやピアスタッフはまさにそのロールモデルであり、彼らの存在そのものが希望としての価値を持ちます。そして彼らもまた、今なおリカバリーの道を歩み続けている存在であり、互いに自身のリカバリーの道を共に歩んでいこうと誘うのです。つまり、「支援する」存在ではなく、「共にリカバリーの道を歩もう」と誘う存在なのです。

　とはいえ、おふたりの語られたソーシャルワーカーのありよう、かかわり、価値と、ピアサポーターやピアスタッフのかかわり、支援にどのような違い、特性があるのか、それらを明らかにすることは、今後、私も含めて研究の焦点となるところでしょう。しかし一方で、クライエントにとっては、その両者の何が異なるのかということを議論することは不要なことなのかもしれません。私たち人間の共通する欲求として、誰もが人として尊ばれ、自分の話をきちんと聴いてもらい、力動的なかかわりのなかで目の前の人とも相互主体的かつ包括的な関係性を構築し、そのなかで自身が成長したり、元気でいること（リカバリー）を望んでいる。そのために私たちがするべきことは、職種を問わず何ができるのかということを考えていくことなのだろうと、おふたりの講演を経てあらためて強く感じています。

第Ⅳ章　スーパービジョンの必要性と価値

【参考文献】

石田敦（2006）「ソーシャルワーク・スーパービジョンの定義の混乱の背景にある諸
　　問題」『吉備国際大学社会福祉学部研究紀要』9：73-83

牛津信忠（2012）「人間福祉スーパービジョンと福祉の哲学」、柏木昭・中村磐男編
　　著『ソーシャルワーカーを支える人間福祉スーパービジョン』聖学院大学出版会、
　　18-36頁

柏木昭（2012）「人間福祉スーパービジョン概説」、柏木昭・中村磐男編著『ソーシャ
　　ルワーカーを支える人間福祉スーパービジョン』、聖学院大学出版会、11-18頁

柏木昭・佐々木敏明・荒田寛（2010）『ソーシャルワーク協働の思想──"クリ
　　ネー"から"トポス"へ』へるす出版

公益社団法人日本医師会（2021）「病床数の国際比較」（2021年2月22日改定）、
　　https://www.med.or.jp/dl-med/teireikaiken/20210120_1.pdf（2023/1/20アクセス
　　確認）

國分功一郎（2017）『中動態の世界──意志と責任の考古学』医学書院

村上陽一郎（1986）『時間の科学』岩波書店

若宮邦彦（2016）「ソーシャルワーク領域におけるスーパービジョンの理論的検証」
　　『南九州大学人間発達研究』6：3-12

Dublin, Richard A.（1989）. "Supervision and Leadership Styles." *Families in Society: The Journal of Contemporary Social Services* 70(10): 617-621

Kadushin, Alfred（1992）. *Supervision in Social Work*, Third ed. Columbia University Press

Kadushin, Alfred and Harkness, Daniel（2014）. *Supervision in Social Work*, Fifth ed. Columbia University Press

【資　　料】

【資料　1】

日本精神医学ソーシャル・ワーカー協会宣言（第18回札幌大会）
―当面の基本方針について―

　日本精神医学ソーシャル・ワーカー協会は、1981年「提案委員会」報告を承認した。提案委員会報告は、これまで協会組織の存続を望む協会員の意志をうけつぎ、第12回大会以降、組織の最低限の機能維持をはかってきた協会の再出発にむけた大きな足がかりであり、協会の今日的集約であった。

　この提案委員会報告の作成作業は、協会員の労働実践への検討から始まり、組織をあげて対象者の立場に立つとは何かを明らかにしようとし、またその関わりの視点を求めつづけ、PSWの専門性・対象のおかれた状況・組織そのもののありかたの検索までおよんだ。

　そして、今日、私達の労働実践の終局目標を精神障害者の社会的復権の樹立とし、そのため「対象者の社会的復権と福祉のための専門的社会的活動」を推進することを任務とするという結論に到達した。

　対象者の社会的復権と福祉のための専門的社会的活動は、協会にあっては、現行精神衛生法や、精神医療行政、さらに対象者のおかれた現状への取組みとなって現れ、各会員の日常現場での実践と、その問題性を集約していくべきである。

　日本精神医学ソーシャル・ワーカー協会は、第18回札幌大会を契機として、協会および協会員が対象者の社会的復権と福祉のための専門的社会的活動を展開し、同時にこうした各会員の諸活動を保障する第1歩として、協会の法人化を準備し、もっ

て組織としての社会的責任をより深めていくことをここに宣言する。

1982（昭和57）年6月26日

日本精神医学ソーシャル・ワーカー協会 全国理事会

公益社団法人日本精神保健福祉士協会ホームページより

https://www.jamhsw.or.jp/ugoki/hokokusyo/19820626.html

（2022/ 6 /21アクセス確認）

【資料　2】

精神保健福祉士の倫理綱領（2018年6月17日改訂版）

日本精神医学ソーシャル・ワーカー協会（1988年6月16日制定／

　1991年7月5日改訂／1995年7月8日改訂）

日本精神保健福祉士協会（2003年5月30日改訂）

社団法人日本精神保健福祉士協会（2004年11月28日採択）

公益社団法人日本精神保健福祉士協会（2013年4月21日採択／

　2018年6月17日改訂）

　前　文

　目　的

　倫理原則

　　1．クライエントに対する責務

　　2．専門職としての責務

　　3．機関に対する責務

　　4．社会に対する責務

　倫理基準

　　1．クライエントに対する責務

　　2．専門職としての責務

　　3．機関に対する責務

　　4．社会に対する責務

前　文

　われわれ精神保健福祉士は、個人としての尊厳を尊び、人と環境の関係を捉える視点を持ち、共生社会の実現をめざし、社会福祉学を基盤とする精神保健福祉士の

価値・理論・実践をもって精神保健福祉の向上に努めるとともに、クライエントの社会的復権・権利擁護と福祉のための専門的・社会的活動を行う専門職としての資質の向上に努め、誠実に倫理綱領に基づく責務を担う。

目　的

この倫理綱領は、精神保健福祉士の倫理の原則および基準を示すことにより、以下の点を実現することを目的とする。

1．精神保健福祉士の専門職としての価値を示す

2．専門職としての価値に基づき実践する

3．クライエントおよび社会から信頼を得る

4．精神保健福祉士としての価値、倫理原則、倫理基準を遵守する

5．他の専門職や全てのソーシャルワーカーと連携する

6．すべての人が個人として尊重され、共に生きる社会の実現をめざす

倫理原則

1．クライエントに対する責務

（1）クライエントへの関わり

精神保健福祉士は、クライエントの基本的人権を尊重し、個人としての尊厳、法の下の平等、健康で文化的な生活を営む権利を擁護する。

（2）自己決定の尊重

精神保健福祉士は、クライエントの自己決定を尊重し、その自己実現に向けて援助する。

（3）プライバシーと秘密保持

精神保健福祉士は、クライエントのプライバシーを尊重し、その秘密を保持する。

（4）クライエントの批判に対する責務

精神保健福祉士は、クライエントの批判・評価を謙虚に受けとめ、改善する。

（5）一般的責務

　　　　精神保健福祉士は、不当な金品の授受に関与してはならない。また、クライ
　　　エントの人格を傷つける行為をしてはならない。

2．専門職としての責務
　（1）専門性の向上
　　　　精神保健福祉士は、専門職としての価値に基づき、理論と実践の向上に努める。
　（2）専門職自律の責務
　　　　精神保健福祉士は同僚の業務を尊重するとともに、相互批判を通じて専門職
　　　としての自律性を高める。
　（3）地位利用の禁止
　　　　精神保健福祉士は、職務の遂行にあたり、クライエントの利益を最優先し、
　　　自己の利益のためにその地位を利用してはならない。
　（4）批判に関する責務
　　　　精神保健福祉士は、自己の業務に対する批判・評価を謙虚に受けとめ、専門
　　　性の向上に努める。
　（5）連携の責務
　　　　精神保健福祉士は、他職種・他機関の専門性と価値を尊重し、連携・協働する。

3．機関に対する責務
　　　精神保健福祉士は、所属機関がクライエントの社会的復権を目指した理念・目
　　　的に添って業務が遂行できるように努める。

4．社会に対する責務
　　　精神保健福祉士は、人々の多様な価値を尊重し、福祉と平和のために、社会的・
　　　政治的・文化的活動を通し社会に貢献する。

倫理基準

1．クライエントに対する責務

(1) クライエントへの関わり

　　精神保健福祉士は、クライエントをかけがえのない一人の人として尊重し、専門的援助関係を結び、クライエントとともに問題の解決を図る。

(2) 自己決定の尊重

　　a　クライエントの知る権利を尊重し、クライエントが必要とする支援、信頼のおける情報を適切な方法で説明し、クライエントが決定できるよう援助する。

　　b　業務遂行に関して、サービスを利用する権利および利益、不利益について説明し、疑問に十分応えた後、援助を行う。援助の開始にあたっては、所属する機関や精神保健福祉士の業務について契約関係を明確にする。

　　c　クライエントが決定することが困難な場合、クライエントの利益を守るため最大限の努力をする。

(3) プライバシーと秘密保持

　　精神保健福祉士は、クライエントのプライバシーの権利を擁護し、業務上知り得た個人情報について秘密を保持する。なお、業務を辞めたあとでも、秘密を保持する義務は継続する。

　　a　第三者から情報の開示の要求がある場合、クライエントの同意を得た上で開示する。クライエントに不利益を及ぼす可能性がある時には、クライエントの秘密保持を優先する。

　　b　秘密を保持することにより、クライエントまたは第三者の生命、財産に緊急の被害が予測される場合は、クライエントとの協議を含め慎重に対処する。

　　c　複数の機関による支援やケースカンファレンス等を行う場合には、本人の了承を得て行い、個人情報の提供は必要最小限にとどめる。また、その秘密保持に関しては、細心の注意を払う。

　　　クライエントに関係する人々の個人情報に関しても同様の配慮を行う。

　　d　クライエントを他機関に紹介する時には、個人情報や記録の提供についてクライエントとの協議を経て決める。

　　e　研究等の目的で事例検討を行うときには、本人の了承を得るとともに、個人を特定できないように留意する。

f　クライエントから要求がある時は、クライエントの個人情報を開示する。ただし、記録の中にある第三者の秘密を保護しなければならない。

g　電子機器等によりクライエントの情報を伝達する場合、その情報の秘密性を保証できるよう最善の方策を用い、慎重に行う。

（4）クライエントの批判に対する責務

精神保健福祉士は、自己の業務におけるクライエントからの批判・評価を受けとめ、改善に努める。

（5）一般的責務

a　精神保健福祉士は、職業的立場を認識し、いかなる事情の下でも精神的・身体的・性的いやがらせ等人格を傷つける行為をしてはならない。

b　精神保健福祉士は、機関が定めた契約による報酬や公的基準で定められた以外の金品の要求・授受をしてはならない。

2．専門職としての責務

（1）専門性の向上

a　精神保健福祉士は専門職としての価値・理論に基づく実践の向上に努め、継続的に研修や教育に参加しなければならない。

b　スーパービジョンと教育指導に関する責務

1）精神保健福祉士はスーパービジョンを行う場合、自己の限界を認識し、専門職として利用できる最新の情報と知識に基づいた指導を行う。

2）精神保健福祉士は、専門職として利用できる最新の情報と知識に基づき学生等の教育や実習指導を積極的に行う。

3）精神保健福祉士は、スーパービジョンや学生等の教育・実習指導を行う場合、公正で適切な指導を行い、スーパーバイジーや学生等に対して差別・酷使・精神的・身体的・性的いやがらせ等人格を傷つける行為をしてはならない。

（2）専門職自律の責務

a　精神保健福祉士は、適切な調査研究、論議、責任ある相互批判、専門職組

織活動への参加を通じて、専門職としての自律性を高める。

 b 精神保健福祉士は、個人的問題のためにクライエントの援助や業務の遂行に支障をきたす場合には、同僚等に速やかに相談する。また、業務の遂行に支障をきたさないよう、自らの心身の健康に留意する。

(3) 地位利用の禁止

 精神保健福祉士は業務の遂行にあたりクライエントの利益を最優先し、自己の個人的・宗教的・政治的利益のために自己の地位を利用してはならない。また、専門職の立場を利用し、不正、搾取、ごまかしに参画してはならない。

(4) 批判に関する責務

 a 精神保健福祉士は、同僚の業務を尊重する。

 b 精神保健福祉士は、自己の業務に関する批判・評価を謙虚に受けとめ、改善に努める。

 c 精神保健福祉士は、他の精神保健福祉士の非倫理的行動を防止し、改善するよう適切な方法をとる。

(5) 連携の責務

 a 精神保健福祉士は、クライエントや地域社会の持つ力を尊重し、協働する。

 b 精神保健福祉士は、クライエントや地域社会の福祉向上のため、他の専門職や他機関等と協働する。

 c 精神保健福祉士は、所属する機関のソーシャルワーカーの業務について、点検・評価し同僚と協働し改善に努める。

 d 精神保健福祉士は、職業的関係や立場を認識し、いかなる事情の下でも同僚または関係者への精神的・身体的・性的いやがらせ等人格を傷つける行為をしてはならない。

3．機関に対する責務

 精神保健福祉士は、所属機関等が、クライエントの人権を尊重し、業務の改善や向上が必要な際には、機関に対して適切・妥当な方法・手段によって、提言できるように努め、改善を図る。

４．社会に対する責務

　　精神保健福祉士は、専門職としての価値・理論・実践をもって、地域および社会の活動に参画し、社会の変革と精神保健福祉の向上に貢献する。

公益社団法人日本精神保健福祉士協会ホームページより

https://www.jamhsw.or.jp/syokai/rinri/japsw.htm

（2022/ 6 /21アクセス確認）

【資料　3】

『精神医学ソーシャル・ワーク』通巻20巻　第26号　1990年3月31日発行

//////////////////////////////

【資　料】

精神科ソーシャルワーカー業務指針

日本PSW協会

I. はじめに

本協会は昭和60年度に『業務検討委員会』を北海道に設置した。委員会はPSWの業務に関する調査を行ない、また業務に関する諸文献、研究論文を検討した結果、現時点においては東京都衛生局病院管理部業務検討委員会が作成した「MSW・PSW業務分類表」を、これ以上の業務分類および業務内容の提示は困難として高く評価した。現在この業務分類に従って年間業務統計を数年とり続ける予定で、業務分類および業務内容等の検討を加え実証的な業務の標準化をすすめている経過の途中にある。

厚生省は昭和61年度末になって『社会福祉士および介護福祉士』に関し資格制度化に着手、昭和62年度には国家資格として成立するに至った。しかし、医療関連職種の資格化に関しとりあげられた『医療ソーシャルワーカー』は検討されたが法制化には至らなかった。

昭和63年度厚生省健康政策局に「医療ソーシャルワーカー業務指針検討会」が設置され、13名の委員によって現在審議中である。これらの情報の中で、本協会は自らの業務に関し傍観者たることは許されないものの、今だにPSW業務の基準および指針としてはまとめていない。しかし、現時点で合意できる範囲において、業務指針を示すことはある程度可能と考え、ここに基本的見解を示すものである。

A）協会の基本指針と業務

本協会が業務指針を考えるにあたっては『Y問題』を抜きにしてはありえなかった。昭和48年第9回総会（横浜）の場で『Y問題』がYさん本人によって提起された。即ち、「私は、あなたたち（PSW）によって不当にも、無理やり精神病院に入院させられた」というものであった。当時、大学受験を控えた本人の腰痛が生じ、その精神的身体的な負担が親子関係にも影響を及ぼし、親子喧嘩が起きるなど家庭に緊張が生じていた。心配した家族（親）が知り合いの医師と保健所や精神衛生相談センターに相談の行っており、結果的には本人の意向を聞くことなく、警察官も加わり無抵抗な本人を「家庭内で親に暴力をふるい、親が対処しきれず困っている」という理由で、精神病院に入院させてしまった事件であった。

この事件の特徴は

1）「本人不在」ですべてがすすめられ、入院が先行されたこと。（本人不在、入院先行）

2）入院時に医師の診察がなかったこと（無診察入院）

3）精神病院に紹介した『PSWの面接記録と紹介状』そのものが、『医師の記録』として扱われていたこと。

4）入院までの経過においてPSWの行為は精神衛生法上問題ないこと。

5）安易に警察官の応援を求めていること。

であった。

このY問題は、PSWの職業的立場と実践（業務遂行）の意味することが問われ、PSWの基本姿勢とともにPSWの在り方が問われる結果となった。とりわけ、精神病院と地域精神

衛生活動が、「本人不在」のまま進められてい
る事実が人権侵害問題として存在し、それらの
背景としてある精神衛生法の問題性とともに検
討されることとなった。このYさんの提起をめ
ぐり、この事件を教訓とし、日常業務の点検を
はかりながらPSW協会としての論議をすすめ
た。この一連の作業と検討は、筆舌につくしが
たい辛苦の連続であり、組織の運営をめぐる危
機的状況すらも経験することとなった。
　これらの結果、以下の確認がなされ、組織の
基本方針として現在に至っている。
1）本協会の方針として「精神障害者の社会的
復権と福祉のための専門的、社会的活動をすす
める」（1982年札幌宣言）ことを中心に据える。

2）精神衛生法が社会防衛的立場であるため、
措置・同意入院の問題等、精神障害者をとりま
く状況分析と法制度の点検を行う。
3）「本人」の立場にたった業務の基本姿勢
（クライエントの立場を理解し、その主張を尊
重すること）の確立をめざす。
4）そのような業務が保障される身分の確立を
目指す。
　これらの基本方針を確認後、日本におけるP
SWの専門業務としての確立を目指し、具体的
課題として以下三点について専門委員会を設置
し検討してきている。
1）精神障害者福祉に関する理論の構築。（精
神障害者福祉問題委員会）
2）PSWの業務指針と業務内容の標準化の構
築。（業務検討委員会）
3）倫理網領の制定。（倫理網領制定委員会）
　B）福祉専門職と業務
　本協会はPSWを『地域および病院等の精神
医療・精神保健の領域において、精神障害者と
ともに彼らをめぐる生活問題（経済的・心理
的・社会的問題の総称として）について、福祉
の諸方法を用いることによって援助しようとす
る福祉専門職である。』と位置付けている。業
務は専門職業としての実践活動の具体的職業行
動であるから、業務の規定は、専門職としての

資格問題と離れがたく結び付いたものであり、
業務とともに一定の見解を早急に提示されるこ
とが望まれる。
　昭和62年の「社会福祉士および介護福祉士
法」制定における経過と、「医療（ソーシャル
ワーカー）福祉士法」の制定に向けた経過の中
で、当事者たる我々は専門職制度に関し、総会
において確認している。以下は、その内容であ
る。
1）「医療ソーシャルワーカー」の倫理的・実
践的専門性の基盤は、社会福祉学においたもの
でなくてはならない。
2）社会福祉方法論における接近法の基本には
「自己決定の原則」があり、この原則に込めら
れた人間観は社会福祉学における哲学である。
ソーシャルワーカーはこの原則にそって業務が
遂行できるものでなければならない。
3）本協会の基本方針を「『精神障害者の社会
的復権と福祉のための専門的社会的活動』を中
心に据えた組織とする」とした。この基本方針
が専門職制度の制定にあたり、妨げられること
があってはならない。（ソーシャルワーカー
は）人権感覚のすぐれたマンパワーとしてその
（専門的）役割を担わなければならない。
4）資格制度導入にあたっての国家試験受験資
格は、本協会会員資格である福祉系4年生大学
卒業者を原則とする。
5）我々の業務は、対象者の人間としての営み
の瞬間瞬間に生々しい関わりを持つため、業務
遂行にあたり相応の裁量権が与えられていなけ
ればならない。
本協会は上記の基本5点に基づいて事業の展開
と対外的な対応および業務を検討した。

Ⅱ．業務指針
　A）業務指針確立の一般的背景
　高齢化社会、国際化社会、情報化社会と呼ば
れる社会環境の変化にともなって、社会福祉に
おける諸制度諸施設が変化してきている今日、
保健・医療をめぐる環境も変化してきている。
特に老人医療の問題、疾病構造の変化、医療の

高度化と多様化、それらの当然の帰結として国民総医療費の増加と財政問題の深刻化等。また一方では日常的な健康増進の諸活動の活性化、疾病予防・医療・リハビリテーションに至る包括的・総合的・継続的医療の提唱と実施等。これらの動きの中で従前の医療では十分に機能しえない新たな問題も喚起されている。特に老人をめぐる問題や精神障害者問題等が施設処遇から地域ケアーに向けられていることは、従来にもまして医療・保健・福祉のそれぞれのサービスが、十分な連携の下に総合的に提起されることが重要になってきたと考えられる。加えて患者および家族等の抱える問題の中で心理情緒的問題の比重が増加してきている。一方、医療側の体制は専門分化・高度化のために、病める人間に対応することが困難となり、新たな人的資源が必要不可欠な状況になっていると考えられる。今さらに医療ソーシャルワーカー等の新しい医療職種の必要性が今まで以上に重要になってきている。

精神医療においては精神保健法の成立によって人権擁護と社会復帰に重点をおかれた新たなる展開がもとめられ、ＰＳＷの役割もますます重視されるようになってきた。国家資格のない専門職としては、他に例を見ないほどに活動の場と役割が提示されてきている現状にある。
（厚生省通知等）

一方、ＰＳＷが積み重ねてきた職業としての実践に対しては一定の社会的評価が示され、専門職業として必要性と期待が認められてきている。ＰＳＷは精神医療にあたっては、対象者の抱える経済的問題のみならず、心理社会的問題の解決に関与し、傷病・障害を抱えて生活する上での種々の問題解決と調整の役割を担ってきた。これらの活動によって、日本における精神科医療機関では、欠くことのできない医療チームの一員として存在していることを看過すべきでない。専門職としての業務指針の確立が考えられるゆえんである。

Ｂ）業務指針の基本的視点

業務の基本はＰＳＷの専門職業規定と職業倫理、および対象者規定を含む精神障害者福祉論によって成立する。そこには専門職としての基本的視点と立場が明確になっていることが望まれる。ここでは、業務に限定した視点を示すこととする。

ＰＳＷは対象者を生活者としてとらえ、健康である場合には社会的諸機能（家族的・経済的・文化的等）はそれなりに十全であろうが、傷病や障害を抱えた対象者（クライエント）は生活の中で社会的機能が部分的にあるいは全面的に傷害される事態となる。対象者によっては、社会的機能の低下が長期的・持続的・固定的なことがあり、そこでの社会的機能障害に対処していこうとするのがＰＳＷ業務といえよう。いいかえれば、ＰＳＷ業務は、対象者の社会的機能を低下させている問題の特質と、問題を複雑にし現在まで持続させている要因を探り、問題解決なしに困難緩和のため具体的方法にはどのようなものがあるのかを吟味し活用することであり、これは独自の領域と考える。

業務は、対象者と日常的な関わりの中で、実践的実務的にとり行われる現実的具体的専門活動である。ＰＳＷ業務を検討する上では実践活動の範囲を示すにとどまってはいけないと考える。業務遂行には業務ごとに目的を含む視点がなければ専門職業としての業務とはいえない。ＰＳＷの業務は、対象者との関係にあって、対象者をとりまく個別的状況や時代背景によっては具体的活動が可変的変動的であることを前提として考えなければならない。しかし、業務遂行に当たっての基本的視点はＰＳＷ固有のものがあらねばならぬと考え検討してきた。その結果現時点において以下の諸点が確認される。

１）いかなる時代背景、社会情勢、あるいはどのような個人の状況下においても、個の尊重を基本としたすべての人間の平等（人種立場・貧富・職業・思想・宗教等）が保証され、生きていく上での諸権利が無条件に確保されるべきと考える。現実には諸権利が侵害されることもあるために『患者権利擁護制度』のような救済制度システムを協会として考えることも大切であ

資料　3

る。

２）対象者の主体性の尊重は、いかなる状況にあっても基本的に損なわれてはいけない。対象者自らが主体的に健康を保持し、増進することにとりくむことは極めて重要なことといえる。治療を受けること、社会復帰に取り組むこと、そして、そのための援助を受けることの選択は対象者に委ねられた権利である。

３）いかなる状況にあっても『知る権利』は優先されるべきことと考える。

４）いかなる状況でも『クライエントの自己決定』は基本的に保障されなければならない。業務に当たっては、傷病や障害に加えて経済的・心理的・社会的問題を抱えた対象者が適切に自己決定できるように、状況把握や問題整理を援助し、解決方策の選択肢の提示を行うこと。

５）いかなる状況でも『プライバシーを守ること』は尊重されねばならない。

ＰＳＷは傷病に関する個人情報に加えて、経済的、心理的、社会的な個人情報にも係り、また、援助のために対象者以外の第三者との連絡調整等を行うことから、特段の注意が必要である。

Ｃ）　業務分類

ＰＳＷは長いあいだ、他の職種が対応しきれない相談業務をいわばよろず相談的に、引き受けて行ってきたこともあって、業務の範囲が必ずしも明確とはいえないきらいがあった。ここでは、実際の活動をソーシャルワークの方法論を基本として以下のように整理した。

ａ）　ケースワーク業務……対象者との個別的関わりの課程で問題を明確化し、面接および広範な社会資源の活用を通して問題解決にむかうことを目的とする。

ケースワークによって援助する業務は、以下の12業務である。

①受診援助、②入院援助、③退院援助、④療養上の問題調整（成人関係・児童関係）、⑤経済問題調整、⑥就労問題援助、⑦住宅問題援助、⑧教育問題援助、⑨家族問題援助、⑩日常生活援助、⑪心理情緒的援助、⑫医療における人権擁護。

ｂ）　グループワーク業務……対象者との集団的関わりの過程を通して、対象者個人の問題解決および対象者の成長がはかられることを目的とする。

グループワークによって援助する業務は、以下の４業務である。

①ディ・ケア、②アルコール・ミーティング、③ソーシャルクラブ、④患者・家族のグループワーク（患者会・家族会・児童と家族・他）

ｃ）　地域活動業務……対象者が地域社会で生活していく上で、困難をきたす諸問題の解決のために諸機関・諸資源・住民との調整をはかる。

①精神保健・医療福祉普及活動、②近隣問題関係調整

ｄ）　関連業務……対象者の問題解決は医師・看護婦（士）等との連携が大切である。また、ＰＳＷが対象者に有効な援助を成立し得るための活動しやすい環境整備は重要である。援助者たるＰＳＷの資質の向上のための業務は日常的に不可欠なものといえる。

関連業務として、以下の８業務に分類した。

①社会資源開拓、②クライエント処遇会議、③各種会議、④研修・研究・学会、⑤教育実習指導、⑥ボランティア調整、⑦行事参加、⑧情報処理

Ｄ）　業務の範囲

ａ）　受診・入院援助

傷病や障害の疑われる段階から相談に応じ、生活と傷病や障害の状況に適切に対応した医療の受け方について援助する。受診、治療が必要であるにもかかわらず医師等の医療上の指導を受け入れない場合に、その理由となっている心理社会的問題を探り、対象者との合意の上で解決を援助する。受診を妨げている背景と問題を理解し他機関との連絡調整によって解決をはかる。受診動機に関し援助する。医療一般および医療機関の機能全般についてオリエンテーションする。インテーク面接により家庭状況および

－ 82 －

70

社会環境の把握と問題点を抽出する。生活史等の情報収集と診断資料等を提出する。

　b）　療養上の問題解決と調整（心理社会的問題を含む）

　対象者が安心して療養できるように、療養にともなって生じる生活上の問題と心配不安の除去のために援助する。療養にともない発生するであろう心理社会的問題の予測に基づく予防的処置や早期の解決を援助。療養にともなって生じる家族関係の葛藤に対応し、家族関係の調整を援助する。対象者と医療関係職員および対象者同士の人間関係を調整する。傷病や障害告知および受容の過程における精神的苦痛の軽減、克服、生活の再設計を援助する。必要に応じ対象者の属する社会（学校・職場・近隣）との関係改善と人間関係を調整する。対象者との関係にあって家族の役割に関する教育と調整。心理情緒的問題の中には、時に精神療法的関与が必要であり、時には対象者の自我の確立・強化のための援助も含まれる。入院諸制度が適切に運用されるように援助する。

　c）　経済問題調整

　対象者が医療費・生活費に困っている時、各種福祉・保健制度等を活用して解決をはかるべく援助する。受傷（発病）および療養によって、対象者の財産上の問題が不利益にならないように援助する。障害が各種制度に該当するか否かを吟味し、利用することによって利益を享受できるための援助を行う。

　d）　就労問題援助

　就労・労働場面における雇主・同僚との関係改善調整。転職・復職・再就職に関する助言援助。院外作業、前職業訓練等に関する職場開拓、諸制度・施策の利用に関する援助。

　e）　住宅問題援助

　住宅を確保するために必要な援助。住宅を維持し、障害をともなう住宅改善について援助。

　f）　教育問題援助

　就園・就学・復学が適切に行われるための調整と援助。療養中の教育保障についての具体的検討。不登校問題等の解決に関する教育関係者・クライエントとの調整・協力依頼等。

　g）　家族問題調整

　家族状況の一般的把握および、家族の対象者に関する心理情緒的問題の確認。

治療全般に関し無理解・非協力ないしは拒否的な家族に対する関与。対象者とのあいだに家族病理としての問題がある時の調整。傷病や障害ないし療養によって生じる家族関係の葛藤への対応。

　h）　日常生活援助

　社会で生活する権利を維持し拡大するためには、基本的生活技術の確保が必要であるが、対象者によっては障害の程度によって生活のしづらさを残していることがあるため、代行を含むかなりの援助が必要である。また、孤立化傾向に陥りやすい対象者には仲間づくりの援助が必要である。

　i）　退院援助（社会復帰）

　退院後の生活設計に関与し、予測可能な問題を対象者とともに整理し、退院可能な状況整備（生活条件）を援助する。転院、在宅医療（療養）等にともなう対象者および家族の不安・葛藤を軽減すること。医学的判断を前提に、転院するための医療機関の設定・紹介、退院後の社会福祉施設等の紹介と通所・入所に必要な援助をする。死亡にともなう諸問題を援助する。

　j）　医療における人権擁護

　あえて人権擁護を一つの業務として取り上げなければならないのは、精神医療および精神保健に関する、社会の偏見・差別が現実に存在していること。また、精神医療機関等において行動制限等が、必要以上に行われる危険性が予測される現実にあるためである。それらによって、対象者の人権がそこなわれる可能性が一般に比べきわめて高率であると考えられる。医療機関にあっては医師および責任のある人に対し、対象者処遇の問題についてＰＳＷの立場から意見を述べる機会が必要である。地域社会に対しては対象者に不当に向けられた偏見差別に関し対応する。

　医療事故ないし、その疑いを持つ対象者、あ

るいは医療内容と処遇し不服を訴える対象者に解決のための社会資源を紹介する。

k）　地域活動

精神保健に係る地域組織・諸団体（家族会・各種自助グループ＜断酒会・ＡＡ・ＭＡＣ・患者会・患者サークル・退院者クラブ等々＞・共同作業所・共同住宅等）への助言、育成援助および密なる連携が重要である。

他の保健医療機関、福祉関係機関、市区町村等と連携して、保健・医療に係わるボランティアを指導し、育成し、患者家族の援助に活用する。

保健所における保健・福祉サービス調整推進会議、市町村高齢者サービス調整チーム、あるいは都道府県市町村の行政レベルの各種保健医療に関するプロジェクトに参画し、在宅ケアーを含む地域ケア・システムづくり等に参加する。

対象者が地域社会において生活が持続でき、また、再発を含む不適応状況が生じないように機能する諸システム（支え合い：対象者同士・対象者とその他の人々）の開発および活用。

職親制度の開拓と職親事業の推進。

対象者と地域住民との間に生じた問題の調整。

以上のような地域活動が対象者にとって、地域管理にならぬように十分に配慮して関与すべいである。

1）関連業務

既存の諸制度や施設では問題に対応できないとき、新しい制度・施設を設置し、施策を開拓する。（社会資源の開拓）特に精神保健の領域においては、病院医療中心の現実から、種々のサポートシステム、サポートプログラムの開発やそれらの有効なネットワーキングに関与する。対象者に対する適切な処遇のために、他職種を含み種々の会議を開催し参加する。また、自らの所属する機関・施設が対象者にとって有効な機能を発揮しえるための会議に参加する。

研修・研究活動・学会参加および発表は資質の向上にとって重要である。

関連職種も含めて教育・実習指導はＰＳＷの啓蒙にも役立つ。後継者を育成することは職業として当然の役割と考える。

ボランティアの開拓、依頼、連絡調整。ボランティア受入のための体制づくり。職員や患者・家族のボランティア利用についての説明、指導、ボランティアに対する教育。

情報処理に関する業務。専門的業務を行うために対象者ごとに記録を作成し、問題点を明確にする。記録に基づいて医師等への報告、連絡を行うとともに関係施設および関係職種に対し情報提供を行う。個人情報の収集は援助の範囲に限ること。面接や電話は、独立した相談室で行い第三者に内容が漏れないよう留意すること。記録などの情報は第三者が了承なく入手できないように保管すること。第三者との連絡調整を行うために本人の状況を説明する場合も含め、本人の了承なしに個人情報を漏らさないようにすること。第三者からの情報の収集自体が、その第三者に個人情報を把握させてしまうこともあるので充分留意すること。ただし、医療に関する情報については、説明の可否を含め、医師の指示を受けること。各種統計。各種文書の作成。資料の収集整理等を日常的に行う。

E）その他

業務指針に関して検討を行ってきた過程で、以下の諸点を重要な課題と考え若干の考察を行った。

a）ＰＳＷ業務が適切に行われるための環境整備について

業務指針を作成する過程において常に問題になったことは、ＰＳＷが対象者にとって役に立つ社会的存在として、いかなる立場と責任を有しているかであった。それについて以下のことを検討し、現時点での合意事項とした。

1）身分資格問題・必置制・診療報酬等の経済基盤の確立問題等について、協会としての見解を明らかにし、関係ある団体機関に対し理解協力を求め、最終的には国家に対し具体的行動をとる必要がある。

２）専門職として養成するための、大学教育カリキュラムの編成と卒後教育プログラムの開発、および、実施。現任者の訓練・教育に関するプログラム開発と実施。

３）所属機関における位置付け

医療にあっては、基本的には独立部門として位置付けられるべきである。独立部門として位置付けが困難な場合でも、医療チームの一員として活動する体制に位置し、診療部門の各種会議の構成員となり、日常的に診療スタッフと密なる連携が可能な位置に属すること。

４）研修・研究の保証

ＰＳＷ業務が円滑適正に遂行されるためには、社会福祉および医療の諸制度を巡る変化、諸科学の進歩に対応した知識の獲得は、極めて重要である。専門職としての資質の向上は研修および調査・研究を行うことが不可欠であり、ＰＳＷ業務として保証されるべきである。

ｂ）業務指針とともに検討すべきこと

業務を遂行する上で日常的に問題となり、ＰＳＷが二重拘束の状況に陥りやすい諸点について以下のことを今後の課題としたい。

１）責任を伴う業務について（裁量権）

本協会は自らの職業規定を次のように定めている

『ＰＳＷは、地域および病院などの精神保健の領域において、精神障害者とともに彼等の生活問題について福祉の諸方法を用いることによって援助しようとする福祉専門職である……』この規定で明らかのように、ＰＳＷは医療関連職種である前に福祉専門職であり、その業務の内容は、傷病ないし障害を取り込んだ生活者を援助することに係わるものである。このことは業務の内容、業務の目的によって独自に判断し、責任を負うべきものを含んでいることは専門職として当然のことである。しかし、ＰＳＷの福祉専門職としての成熟度、社会的認知、とりわけ身分資格については今後の課題であり、どのような領域において、どのような責任をとりうる専門職であるかについて検討されな

ければ、裁量権を主張することはできない。

１）チームに関すること（指示関係）

多くの場合は医療の一専門分野として、医師を最終責任者とするチームの一員として業務を遂行するのであるから、医師の指示は当然認められる。ＰＳＷは医師に対する報告・意見具申・情報提供・等々の業務を負っていることとなる。ほとんどの業務はチームの中で福祉にまつわる専門分野に関する責任を果たすことであり、チームワーク（連携業務を含む）が基本となる。医師の指示を受けて行う業務は、医療と特に親密な関係にある受診・入院・退院援助や療養上の問題解決等があるが、病院ＰＳＷは、医療（狭義の治療）と直接関わりのない生活問題および福祉問題について責任ある判断をし、解決の方策を提示し、医師、その他の専門職種とともに検討することが大切である。

３）医療行為の禁止

既存の法律による、医療行為の禁止事項は当然である。しかし、ＰＳＷの業務は精神療法的・家族療法的関与を伴うことも多く、医療行為の範囲に関して十分な検討と関連職種との合意が検討される必要があろう。

４）労働関係について

ＰＳＷの中には、専門職として資格が認められると、労使関係も一挙に解決するかのような過大な期待を抱いているように思われる傾向がある。その資格なしに専門職として認められることは、労働関係に多少の変化を来すことは当然であろうが、基本的にこの問題は別なことである。医師との指示関係と労働関係も区別しなければならないし、チームワークにおけるチームリーダーとチームメンバーの関係等々も整理検討されるべきことである。

［この業務指針は昭和６３年１０月、ＰＳＷ協会業務検討委員長である門屋充郎氏によって書かれたものを、同年１２月４日の全国理事会において検討され、平成元年度の総会において協会の業務指針として承認されたものです。厚生省の業務指針より先に協会独自のものとして発表されたことは特筆すべきことと考えます。］

【資料　4】『産経新聞』2015年7月24日、1面

精神疾患患者を囲い込み

生活保護窓口で通院誘導

都内のクリニック

生活保護を受給する精神疾患患者の相談窓口となる都内自治体の福祉事務所に、特定の医療機関から派遣された相談員が、患者を自身の医療機関へ通院させる〝囲い込み〟を行っている疑いのあることが23日、分かった。生活保護費をめぐって虚偽の説明を受けた、とする患者もいた。医療機関は公費から支払われる「自立支援医療費」を得るため、患者獲得を狙った可能性がある。

＝26面に「患者〝食い物〟に」

またこの医療機関が、複数の患者を風呂のない狭いシェアハウスに居住させるなど劣悪な環境下に置いて

自立支援医療費　目的か

いるとして、弁護士らが近く、改善を指導するよう厚生労働省に申し入れる。

相談員などの名称で自治体に職員を派遣しているのは、都内で4つの精神科クリニックを開設する医療グループ。産経新聞が各自治体に聞き取り調査した結果、東京都大田区、江戸川区、港区の福祉事務所でクリニックに通っているという。

リニック側から相談員の派遣を受けていた。

うち江戸川区は、平成19年度から随意契約を結び、今年度は区内3カ所の福祉事務所に1人ずつ計3人の派遣を受けている。相談員は窓口で患者の相談や、患者の家庭訪問などを担当。区内の生活保護受給者44人が同クリニックに通っているという。

精神疾患患者〝囲い込み〟の構図

職員を派遣／患者を紹介／クリニック／福祉事務所／自立支援医療の申請／生活保護の申請・相談／通院／患者

大田区では19年度から4人、港区でも24年度から1人、それぞれ派遣を受けていた。いずれの区も「一医療機関のみを優先的に紹介することはない」としている。産経新聞は、クリニックに質問状を送ったが、23日までに回答はなかった。

また大阪府や大阪市、堺市などの自治体は、いずれも市の職員か準じる非常勤職員を相談員業務にあてており、医療機関から派遣を受けているケースはなかった。

また患者の一人は、通院をやめた際、相談員から「生活保護費を打ち切る」と虚偽の説明を受けたと証言している。

患者は精神疾患で長期治療を必要とする場合に医療費が軽減される「自立支援医療制度」を利用。医療機関側は、1日10時間のデイケアを行うと、1万円が同医療費から支払われる。

「貧困ビジネス　新たな温床」

精神医療の問題に取り組む「市民の人権擁護の会」の米田倫康代表の話「福祉事務所という公的機関にいる相談員が、所属を明かさず患者の相談に乗り、自身の属する医療機関に誘導するのは問題だ。自立支援医療費の乱用に法規制が追いついておらず、貧困ビジネスの新たな温床として同様の手口が広がっている恐れがある」

【資料　5】　『産経新聞』2015年7月24日、26面

精神疾患患者を"食い物"

「生活保護打ち切る」…通院やめられず

福祉事務所の相談員から「生活保護を打ち切る」と言われ、クリニックへの通院をやめられなかったと証言する元患者の男性＝東京都新宿区

都内のクリニック　遊ばせるだけ

精神疾患患者の通院をめぐり、都内自治体の福祉事務所が特定医療機関の"囲い込み"の場として利用されていた疑いが23日、明らかになった。「通院をやめたら生活保護を打ち切るといわれ、続けざるを得なかった」。約6年前、福祉事務所を通じ、区が契約するクリニックを紹介された都内の20代男性が、その実態を証言した。

（1面参照）

男性は平成21年ごろ、体調不良で職を失い、都内のある区の福祉事務所へ生活保護の相談に行った。相談員から「学校のようなところへ行ってもらう」と言われ、相談員同行のもとで連れて行かれたのが、区が契約するクリニックだった。

相談員がクリニックの職員だったことは後日、分かったという。

診察後、担当者からは病名を告げられなかったが「毎日来るように」と言われた。クリニックでは午前10時過ぎから夜まで、ボードゲームや塗り絵などをするだけ。同じフロアの患者は20～30代が多く、ほとんどが生活保護受給者。ろくに診察もなく、スタッフに何か相談しても『自分で考えましょう』と言うだけだった」。疑問を感じ、間もなく通院を中断した。

だが、相談員から「通わないと生活保護を打ち切るよ」と連絡が入る。「発達障害」などの病名を告げられ、再度、通院するよう念を押された。通院と生活保護受給は関連がないが、男性は「生活保護が出なくなる」と通院を再開した。

その後、クリニックの仲介でシェアハウスに転居。ベニヤ板で仕切られた3畳ほどの部屋だった。トイレは共同。風呂はなく、有料シャワーのみだった。「スタッフがダイヤル式の部屋の鍵番号を知っていてクリニックを休むと訪問を受けた」

「あなたはお金を管理できない」と生活保護費を全額、封筒ごと預けさせられた時期もあった。1日千円～1500円程度の「お小遣い」を与えられたが、クリニック側から預かり証などをもらった記憶はない。

男性は最近になってクリニックを離れ、障害者就労支援施設に通いながら自立の道を模索している。「クリニックに通った6年間は無駄だった」

参考文献と資料について

■参考文献■

一般向けの読みやすいブックレットとして
・岸川洋治、柏木昭『みんなで参加し共につくる』〈福祉の役わり・福祉のこ
　ころ　4〉、聖学院大学出版会、2011年（柏木先生が「特別講義　私とソー
　シャルワーク」で、ソーシャルワークに関わる自らの姿勢と、地域における
　「トポスの創出」とクライエントとの協働について語っています）
・石川到覚、柏木昭『「いま、ここで」のかかわり』〈福祉の役わり・福祉のこ
　ころ　6〉、聖学院大学出版会、2013年（柏木先生の「特別講義　人間福祉
　スーパービジョン──グループスーパービジョンの経験を通して」では、グ
　ループスーパービジョンの意義を学ぶことができます）

スーパービジョンの概説と実践については
・柏木昭、中村磐男編著『ソーシャルワーカーを支える人間福祉スーパービ
　ジョン』聖学院大学出版会、2012年
・助川征雄、相川章子、田村綾子『福祉の現場で役立つスーパービジョンの本
　──さらなる飛躍のための理論と実践例』河出書房新社、2012年

そのほかに
・柏木昭編著『新精神医学ソーシャルワーク』岩崎学術出版社、2002年
・柏木昭、佐々木敏明、荒田寛『ソーシャルワーク協働の思想──"クリ
　ネー"から"トポス"へ』へるす出版、2010年

■資料■

★1964年「日本精神医学ソーシャル・ワーカー協会設立趣意書」
日本精神保健福祉士協会50年史編集委員会編『日本精神保健福祉士協会50年史』公益社団法人日本精神保健福祉士協会、2015年、付録 CD-ROM に所収。

★1981年「提案委員会報告」
（公益社団法人日本精神保健福祉士協会にお問い合わせください。）

★「業務指針」は、2020年に「精神保健福祉士業務指針 第 3 版」が公表されています。そこでも、業務指針の基盤となる協会の歴史的経緯が明示されています。https://www.jamhsw.or.jp/ugoki/hokokusyo/20201031-gyoumu3.html（2023/ 1 /20アクセス確認）

　任意団体から今日までの間、日本精神保健福祉士協会がまとめた精神科ソーシャルワーカーおよび精神保健福祉士の業務指針に関する資料は、日本精神保健福祉士協会のホームページに掲載されています。https://www.jamhsw.or.jp/syokai/gyoumushishin.html（2023/ 1 /20アクセス確認）

おわりに

　ソーシャルワークは人々の暮らしのなかでのニーズから生まれ、クライエントと言われる人々とのたゆまぬ営みのなかで、その普遍的な理念と価値を構築してきました。それらの価値を維持、継承し、より発展させていくために、スーパービジョンが実践現場のなかで展開されてきました。人々の暮らしは、時代や社会状況、情勢とともに変化し、それによって人々のニーズも変化します。ソーシャルワークは、心と体と語りの声に耳を傾けながら、また「自己開示」もしながら共につくっていく「かかわり」のなかで、感じ、気づき、わかっていく営みであり、そのことに敏感でありつづけることが問われるのだと思います。そういう変化するニーズに敏感でありつづけるために、スーパービジョンがあるのだと言えるでしょう。

　ソーシャルワークの専門性として、常に変化をしつづける社会を見据える視点（「人と状況の全体性」）とともに、その根底には、時代や状況にかかわらず不変である共につくる相互包括的関係性としての「かかわり」と「自己決定」があります。これは、クライエントと呼ばれる支援を必要としている人だけではなく、私たちすべての人の普遍的なニーズでもあり、ソーシャルワークはすべての人の生なる営みと共にあると言えます。

　ここに、大野和男先生、柏木昭先生の研究講演会が本書として記録され、多くの方との共有の機会を得られたことにこの上ない喜びを感じています。書籍化にご尽力くださいました大野先生、柏木先生には心から感謝申し上げます。当講演の価値を感じてくださり、講演会終了後すぐに「ぜひ、書籍にしましょう」とお声をかけてくださった総合研究所事務をご担当の菊池美紀様がいらっしゃらなければ、この本は生まれませんでした。そして丁寧な編集作業をご担当くださった花岡和加子様に感謝いたします。

2023年1月　　　　　　相川　章子

著者紹介

（2022年6月1日撮影　左から：大野和男・柏木　昭・相川章子）

大野和男（おおの　かずお）

社会福祉士、精神保健福祉士。公益社団法人日本精神保健福祉士協会理事長を経て、相談役。NPO法人ドレミファ会副理事長。NPO法人精神障害者のあすの福祉をよくする三浦市民の会ぴあ三浦の相談役。聖学院大学人間福祉スーパービジョンセンター・スーパーバイザー。

1943年生まれ。1966年より神奈川県の福祉職として精神科病院県立せりがや園、今の県立精神医療センターせりがや病院や県立長浜病院、こども医療センター重症心身障害児施設、県立の精神福祉センター、三崎保健所などで勤務の後、日本社会事業大学専門職大学院教授、聖学院大学非常勤講師などを務めた。

【主な著書】『精神保健福祉援助技術総論』（共編集代表、へるす出版）、『援助関係論を目指して──坪上宏の世界』（共編、やどかり）、『医療と福祉のインテグレーション』（共著、へるす出版）等。

著者紹介

柏木　昭（かしわぎ　あきら）

聖学院大学名誉教授、聖学院大学総合研究所名誉教授。公益社団法人日本精神保健福祉士協会名誉会長。聖学院大学人間福祉スーパービジョンセンター顧問。

1927年生まれ。1954年ボストン大学スクールオブソーシャルワーク卒業、1955〜1987年国立精神衛生研究所、1964年 WHO 研究員として英国留学。同年日本精神医学ソーシャル・ワーカー協会初代理事長。淑徳大学、聖学院大学、聖学院大学大学院人間福祉学研究科教授等を経て、現在、同大学総合研究所名誉教授、同人間福祉スーパービジョンセンター顧問。日本デイケア学会理事長（2005〜2008年）、NPO法人けやき精神保健福祉会理事長（東京都杉並区）。

【主な著書】『ケースワーク入門』（川島書店）、『改訂 精神科デイケア』（編著、岩崎学術出版社）、『新精神医学ソーシャル・ワーク』（編著、岩崎学術出版社）、『スーパービジョン──誌上事例検討を通して』（共著、日本精神保健福祉士協会・へるす出版）『ソーシャルワーク 協働の思想──“クリネー”から“トポス”へ』（共著、へるす出版）、『みんなで参加し共につくる』（共著、聖学院大学出版会）、『「いま、ここで」のかかわり』（共著、同）、『ソーシャルワーカーを支える人間福祉スーパービジョン』（共編著、同）ほか。

相川章子（あいかわ　あやこ）

精神保健福祉士。聖学院大学心理福祉学部心理福祉学科教授、聖学院大学人間福祉スーパービジョンセンター長。

淑徳大学大学院社会福祉学研究科社会福祉学専攻修士課程修了、大正大学大学院人間学研究科福祉・臨床心理学専攻博士課程社会福祉コース修了。博士（人間学）。

国立精神・神経センター精神保健研究所、やどかりの里、都内保健所デイケアグループワーカー、精神障害者通所授産施設またたびの家 PSW、地域生活支援センター MOTA（モタ）所長などを経て現職。

【主な著書】『精神障がいピアサポーター』（中央法規）、『〈社会福祉〉実践と研究への新たな挑戦』（共著、新泉社）、『かかわりの途上で──こころの伴走者、PSW が

綴る19のショートストーリー』（共著、へるす出版）、『福祉の現場で役立つスーパービジョンの本──さらなる飛躍のための理論と実践例』（共著、河出書房新社）、『これからの精神保健福祉──精神保健福祉士ガイドブック』（共著、へるす出版）、『医療と福祉のインテグレーション』（共著、同）、『ソーシャルワーカーを支える人間福祉スーパービジョン』（分担執筆、聖学院大学出版会）ほか。

聖学院大学総合研究所

人間福祉スーパービジョンセンター

背景と経緯

社会福祉の現場で、より良い実践を志すなか、日々、さまざまな戸惑いや、失敗、迷い、揺れに直面することは少なくないでしょう。適切なサポートがなく不安を抱えながら仕事を続ける人や、問題を一人で抱え込み孤立する人、対人援助の中で傷つく人など、夢と希望を抱いて就いた社会福祉の現場で、未来を描けなくなっている人もいるかもしれません。

現実において直面する、このような壁は越えられないものでしょうか。答えは、「NO」です。

ソーシャルワークには、その壁を乗り越え、燃え尽きを防ぐ方法の一つとして、スーパービジョンがあります。福祉の現場で働いている方々に対し、私たちスーパービジョンセンターはスーパービジョンの機会を提供しています。

スーパービジョンとは

スーパービジョンとは、スーパーバイジーの専門的な成長や発達を支援することを目的として行われるソーシャルワーカー同士の肯定的なかかわりです。

スーパーバイザー（熟練のソーシャルワーカー）は、スーパーバイジー（さらなる成長を目指すソーシャルワーカー）が、その能力を最大限に生かしてよりよい実践ができるように責任を持って支援を行います。

●━━●━━●━━●━━●━━●━━●━━●━━●━━●━━●

人間福祉スーパービジョンセンターでは、福祉の現場で働く方を次のプログラムで支援しています。

【1】　個別スーパービジョン

【2】　グループスーパービジョン

【3】　研修交流会（ピア・スーパービジョン）の開催（年2回程度）

【4】　スーパーバイザー支援制度

聖学院大学総合研究所　人間福祉スーパービジョンセンター

〒362-8585　上尾市戸崎1-1　● URL : https://www.seigresearch.jp/spv/

TEL : 048-725-5524　●　e-mail : research@seigakuin-univ.ac.jp

〈人間福祉スーパービジョン研究　1〉

精神保健福祉士の
専門性構築の経過とスーパービジョン

初版第 1 刷発行　　2023年 4 月10日

編　　者　　聖学院大学人間福祉スーパービジョンセンター
著　　者　　柏　木　　　昭
　　　　　　大　野　和　男
　　　　　　相　川　章　子
発 行 者　　清　水　正　之
発 行 所　　聖学院大学出版会
　　　　　　〒362-8585　埼玉県上尾市戸崎 1 - 1
　　　　　　Tel. 048-725-9801／Fax. 048-725-0324
　　　　　　E-mail: press@seigakuin-univ.ac.jp
装　　丁　　岸　　和泉
印 刷 所　　三松堂株式会社

◆◇◆　聖学院大学出版会の本　◆◇◆

〈福祉の役わり・福祉のこころ〉シリーズ　　Ａ５判ブックレット

福祉の役わり・福祉のこころ
阿部志郎

ISBN978-4-915832-78-9　【品切れ】
eBook　ISBN978-4-907113-69-8

横須賀基督教社会館元館長・神奈川県立保健福祉大学前学長、阿部志郎氏の講演「福祉の役わり・福祉のこころ」と対談「福祉の現場と専門性をめぐって」を収録。

福祉の理論や技術が発展する中で、ひとりの人間を大切にするという福祉の原点が見失われています。著者はやさしい語り口で、サービスの方向を考え直す、互酬を見直すなど、いま福祉が何をなさなければならないかを問いかけています。感性をみがき、「福祉の心と専門知識に裏打ちされた専門人」をめざしてほしいと。

福祉の役わり・福祉のこころ２
与えあうかかわりをめざして
阿部志郎・長谷川匡俊・濱野一郎　著

ISBN978-4-915832-87-1　600円（本体）

本書は、「福祉」の原義が「人間の幸福」であることから、人間にとってどのような人生がもっとも幸福で望ましいものか、またそのために福祉サービスはどのようにあるべきかを福祉に長年たずさわっている著者たちによって論じられたものです。

阿部志郎氏は、横須賀基督教社会館館長として「愛し愛される人生の中で」と題し、長谷川匡俊氏は、淑徳大学で宗教と福祉のかかわりを教育する立場から「福祉教育における宗教の役割」と題し、濱野一郎氏は、横浜寿町での福祉センターの現場から「横浜市寿町からの発信」と題して、「福祉とは何か」を語りかけます。

福祉の役わり・福祉のこころ3

とことんつきあう関係力をもとに

岩尾　貢・平山正実　著

ISBN978-4-915832-89-5　600円（本体）

日本認知症グループホーム協会副代表理事であり、指定介護老人福祉施設サンライフたきの里施設長である岩尾貢氏による「認知症高齢者のケア」、北千住旭クリニック精神科医であり、聖学院大学総合研究所・大学院教授の平山正実氏による「精神科医療におけるチームワーク」を収録。福祉の実践における人へのまなざしとはどのようなものであるべきか。人間の尊厳、一人一人の生きがいが尊重される実践となるよう、共に暮らす人として相互主体的にかかわることに、最も専門性が要求されることが語られています。

福祉の役わり・福祉のこころ4

みんなで参加し共につくる

岸川洋治・柏木　昭　著

ISBN978-4-915832-92-5　700円（本体）

福祉の実践が「人間の尊厳、一人一人の生きがいが尊重される実践」となるためには、社会福祉にたずさわる者は、これからは新しいコミュニティの創造に取り組むべきなのではないでしょうか。横須賀基督教社会館館長の岸川洋治氏は「住民の力とコミュニティの形成」と題して、社会館の田浦の町におけるコミュニティセンターとしての意義を、日本の精神保健福祉に長年尽力し、聖学院大学総合研究所名誉教授・人間福祉スーパービジョンセンター顧問でもある柏木昭氏は「特別講義　私とソーシャルワーク」の中で、ソーシャルワークにかかわる自らの姿勢と、地域における「トポスの創出」とクライエントとの協働について語っています。

福祉の役わり・福祉のこころ5

生きがいを感じて生きる

日野原重明 著

ISBN978-4-915832-99-4　700円（本体）

101歳になっても生き生きと"生涯現役"を続ける日野原重明先生！　何が元気の秘訣なの
でしょうか？　毎日を「生きがいを感じて生きる」ことこそが答えです。
前半の「なぜホスピスが必要か」は、2008年11月7日の講演をもとに、後半の「いのちの教
育」は、2012年5月17日の講演をもとにまとめられています。本書には、自分の人生をしっ
かりと受け止め、人生を後悔しないための、また、世界の平和を築く人になるための人生の
手本、模範が日野原先生によって示されています。多くの若者に自分の人生を考える刺激を
与え、大人にも、自分自身の人生を振り返りながら、残された人生をどのように生きるかを
考える機会を与える内容となっています。

福祉の役わり・福祉のこころ6

「いま、ここで」のかかわり

石川到覚、柏木　昭 著

ISBN978-4-907113-01-8　700円（本体）

石川到覚氏の「宗教と福祉」には、仏教における人間観、仏教福祉の援助にかかわる実践理
念と仏教ソーシャルワークの再構築への試みが語られており、柏木昭氏の「特別講義　人間
福祉スーパービジョン」は、40年以上にわたるグループスーパービジョンの継続・実践の経
験に裏打ちされた内容。一見、異なる考察のように感じられますが、両者とも福祉における
「いま、ここで」のかかわりについての考察です。共感から出発して寄り添い、協働してい
く福祉の姿勢が求められています。